数字经济及其治理

DIGITAL ECONOMY AND GOVERNANCE

杨燕青　葛劲峰　马绍之　著

中国出版集团
中译出版社

图书在版编目（CIP）数据

数字经济及其治理 / 杨燕青，葛劲峰，马绍之著. -- 北京：中译出版社，2023.3
ISBN 978-7-5001-7299-4

Ⅰ.①数… Ⅱ.①杨…②葛…③马… Ⅲ.①信息经济—通俗读物 Ⅳ.① F49-49

中国国家版本馆 CIP 数据核字（2023）第 001192 号

数字经济及其治理
SHUZI JINGJI JIQI ZHILI

著　　者：杨燕青　葛劲峰　马绍之
策划编辑：于　宇　华楠楠
责任编辑：于　宇
文字编辑：华楠楠
营销编辑：马　萱　纪菁菁

出版发行：中译出版社
地　　址：北京市西城区新街口外大街 28 号 102 号楼 4 层
电　　话：68002494（编辑部）
邮　　编：100088
电子邮箱：book@ctph.com.cn
网　　址：http://www.ctph.com.cn

印　　刷：固安华明印业有限公司
经　　销：新华书店
规　　格：710 mm×1000 mm　1/16
印　　张：16.5
字　　数：179 千字
版　　次：2023 年 3 月第 1 版
印　　次：2023 年 3 月第 1 次印刷

ISBN 978-7-5001-7299-4　　　　定价：78.00 元

版权所有　侵权必究
中译出版社

推 荐

数字经济的大潮汹涌澎湃，引领未来。本书从理念到实践、国际到国内、历史到发展、政策到伦理等多个维度，简要而全局性地描绘了一幅数字经济发展的多维空间图景。资料翔实，分析到位，言简意赅，娓娓叙来。谨此推荐。

——朱民　中国国际经济交流中心副理事长、IMF 原副总裁

"为时而著，为事而作"，本书为数字时代的经济学分析框架和治理体系而著。阅读本书，可以把握以数字经济为核心议题的经济学原理与关键政策讨论。本书在数字经济核算和国际比较分析方面的探索也具有前沿性，数据处理扎实、专业。相信这本书可以为数字经济领域的研究者和政策制定者提供有益参考。

——许宪春　国家统计局原副局长

数字技术生产力正推进着人类社会的数字化转型，我们每一个人都已是"数字经济中人"，有必要读一读有关数字经济的书。本书从构建数字经济发展比较框架入手，展现了世界主要经

济体和中国数字经济的发展图景;经由宏观和微观经济学的视角观察,对数字经济下的就业和市场等领域的演变和政策进行了解析与探讨;围绕数字经济治理中的消费者保护、人工智能治理、公平竞争等九个关键议题做了深入论述。全书一气呵成且构思独到、视野宽阔又分析入微,数据翔实而论点明晰,值得一读。

——**龚克**　世界工程组织联合会主席

日新月异的数字科技正在塑造一个全新的数字社会。人类如何决策?经济如何发展?企业如何管理?社会如何治理?全新的问题亟须回答。保持好奇,敢于质疑,勇于探索,相信中国案例和中国学者能为世界数字经济的治理做出重要贡献。

——**汪寿阳**　发展中国家科学院院士、上海科技大学
创业与管理学院院长

本书从数字经济的概念和经济核算出发,度量了全球主要经济体数字经济的发展,奠定了理解数字经济的经济学基础。数字经济治理的关键议题也是本书的重要内容,无论是网络安全、数据治理、数字税,还是人工智能治理、垄断和公平竞争等议题,在本书中都有言简意赅、直达核心的阐释。本书可谓数字经济方面的一本"小百科全书"。

——**白重恩**　清华大学经管学院院长

推　荐

数字科技正在塑造崭新的个人决策逻辑、企业管理模式与社会治理体系，也在推动经济体系"脱胎换骨"式的改变。数字经济需要"顶天立地"式的研究，既要细致厘清微观个体决策机理，又需回答宏观经济和数字治理等宏大问题。本书对数字经济时代的重要议题有独到见解，更是提出了诸多建设性的真知灼见，值得一读。

——张军　复旦大学文科资深教授、复旦大学经济学院院长

我们进入了数字经济时代，传统制造因算法发展为智能制造，人工智能发展正在全面改造人类生产生活方式。杨燕青博士的研究不仅展现了数字经济技术，而且更加关注数字经济活动的经济影响和合适的发展政策与规制原则。本书读来令人耳目一新。

——唐杰　香港中文大学（深圳）理事、深圳市原副市长

若要找几个关键词来定义今天的时代，相信大多数人都同意数字经济是其中之一。数字技术正在深刻地改变着人类社会的生产和生活方式，数字经济带来许多美好，也有不少挑战，每个国家和社会都需在其发展和治理之间找到合理的平衡。杨燕青博士等人的这部著作对数字经济的若干重要议题，比如概念与核算、宏观与微观经济学、发展与治理等进行了深入分析，我愿推荐给读者。

——赵昌文　中国国际发展知识中心主任

代　序

关于数字经济发展的几点看法[①]

一、关于数据跨境流动问题

这也是《全面与进步跨太平洋伙伴关系协定》(CPTPP)和世界贸易组织(WTO)下一步改革的重要内容之一,对这个问题我们很难避得开。现在全球在互联网和数字化方面有可能会搞成像"冷战"时期那样壁垒分明的阵营、集团,各有各的主张。西方更强调数据跨境自由流动,中国更强调数据安全,提出了"大数据安全"和"大数据主权"这样的概念。客观地说,数据中有一些涉及安全,也有一些在工业过程中的数据其实跟安全没有太大联系,当然这二者中间有一些模糊地带,既可以解释成与安全、主权有关,也可能与安全、主权没有关系。这就需要大家磨合和适当妥协,通过妥协达到某种共识点。因此,可能下一步

[①] 本文摘自周小川2021年12月17日在博鳌亚洲论坛研究院举办的"数字经济与公平竞争课题国际研讨会"上的发言。

还需要对数据进行进一步细分、细化，否则面对国际上的割裂局面，各方不容易找到妥协的点，容易出现摩擦。

像商品和服务贸易一样，数据也需要细分类。回想一下海关的货物管理，虽然总体上是自由贸易，但有些货物还是需要管理或管控的。所以海关必须要有细分类的产品，不仅可用于统计，还可用来进出口管理。结合中国国情，中国海关目前大类是21类、97章，常用的分组项目统计有4位、6位、8位数项目。数据跨境流动可能下一步也需要明确的分类，既不能完全自由流动和随意存放，也不能全部管死，这样不符合全球化的效率和未来发展的需要。

二、关于数据是生产要素

中央已经提出数据是生产要素。这个提法突出了数据在国民经济中的重要性和地位。从经济学研究来说，这个概念似乎还可以再推敲一下。数据到底是投入品（input）还是生产要素（production factor）？是不是把数据变为"生产要素"就显得重要了？然而，经济学中并没有"要"的含义，这只是中文翻译的表达。生产要素意味着与劳动力和资本同一行列。

过去从生产函数的表达来看，当中的生产要素通过组合产生生产能力，然后产生附加价值，也就是净价格。而投入品是出现在成本领域的，原则上作为生产的成本从附加价值中予以扣除，投入品在国际或者国内市场可以买到。每一种生产都会用到多种投入品，其中一些投入品很重要、很关键、替代性差，而另一些投入品则较次要、替代性强。另外，生产要素组合产生附加价值，决定净价格，就应该独立纳税，比如劳动力要交税，资本也要交税，其实就是个人和公司所得税，而投入品不单独纳税，只是在流转过程中间接地替生产要素纳税，比如增值税。那么，数据将来是不是也是一个单独的纳税者？这是个值得论证的问题。

三、关于数字税问题

2021年10月，G20/OECD拟定的国际税收制度改革方案即"双支柱"方案获得通过，主要包括两项内容："支柱一"是旨在解决大型跨国公司利润在各国间分配的问题，明确全球营业额超200亿欧元且利润率超10%的跨国企业要拿出剩余利润的25%分配给市场国；"支柱二"则是确保跨国企业至少按最低水平纳税，将最低有效税率定在15%，适用于营业额超7.5亿欧元的企业，使避税变得更加困难。虽然G20/OECD通过了"双支柱"方案，但初衷并不主要针对数字经济和数字化。可以说，至少15%的最低企业所得税主要是针对跨国公司，想防止各类跨国公司跨国避税，以及一些避税地国家借此获得竞争优势。同时也是为了巩固美国等国家的财政收入。当然，征税的目标群体中也包含了数字类公司，但并不限于针对数字类公司。

这当中既体现了所谓的竞争秩序问题，也明显地表现出一定程度的保护主义情绪，希望把跨国公司带到海外的生产能力带回本国。税收分享虽然达成了初步意见，但任意性很大。因为理论基础不牢靠，所以拿出来的方案"拍脑袋"的成分比较大。比如"支柱一"规定，跨国公司利润超过10%的部分需要拿出25%与市场国分享，但这个10%和25%是怎么定的？有没有根据？

大概率这些数字是讨价还价达成的，任意性也很大。另外，市场国包括很多国家，究竟分享给谁？怎么分？困难也比较大，到现在为止都没有最佳方法。估计未来在落实上也不会那么顺畅，各方还会讨价还价。再比如"支柱二"，大家知道，15%是个妥协的结果，美国财政部部长耶伦开始说是23%，又说是20%，最后各方妥协定为15%，这个数字有什么根据，大家似乎也不完全清楚。把这样一个税改方案说成"世纪税改"，恐怕为时过早，捧得过高。

　　涉及公平竞争方面，其他场合已讨论过"赢者通吃"、价格补贴问题，其中一个主要现象是，有些机构不是靠附加价值来竞争，而是靠低价或免费提供数字产品，主要收入依靠各种形式的广告。可能需要认真研究，广告在市场国（从消费方看）究竟谁受了益？广告收入产生的利润如何分享？否则，G20/OECD达成的意见在落实上还会有很多摩擦。征税和避税历来博弈得很厉害，一个简单、笼统的方案引发的博弈将来还会很激烈，会产生不少摩擦，搞得不好就有可能不利于全球化。这些问题是数字经济必须要研究的。

四、关于数字经济的方向问题

　　当前的国际环境由于"冷战"气氛的存在，各国之间不信任。特别是在数字经济领域，涉及的范围很广，包括黑客、深网、暗网、数字隐私、毒品和武器交易等行为，以及保护数字经济产权、军备竞争等。在这种情况下，数字经济大致可划分为两个领域。一个领域是主要支持传统制造业、服务业的信息化，通过信息化提高效率。这方面不管国际上有什么样的争论，都是大有发展前景的。中国制造2025、德国工业化4.0涵盖了这方面的主要内容。另一个领域是纯数字领域，属于新创设的、与过去实体经济联系不太大的、相对独立的领域，包括元宇宙等。这个领域可能出现的摩擦争议较多。我个人认为，数字界比较容易强调完全新的、相对独立的领域，但是当前还是要重视数字化对传统经济的提升作用。

中国数字货币的开发也体现了这样一个原则。数字货币究竟是注重如何更好地提供传统的支付功能，如何通过数字化提供更有效、成本更低、更安全的服务，还是更加注重创造一种新型的虚拟货币资产，以及将来在元宇宙中可能发挥功效的货币，这二者的侧重点是不一样的。

周小川

博鳌亚洲论坛副理事长

中国人民银行原行长

前　言

ChatGPT、颠覆性技术创新与数字经济

本书即将付梓之时，ChatGPT 正在全球掀起人工智能的旋风。这款 AI 应用知识海量、逻辑通顺、表达流畅、多才多艺，其性能优越让人深感震惊。尽管其逻辑和价值观并不稳定，比如会"一本正经"地给出错误信息，偶尔会"放飞自我"给出毁灭世界的方案，但已足以让全球的专家和学者意识到，AI 作为颠覆性技术创新，真正迎来了改变世界的起点——以 AI 为核心的数字科技作为通用技术终于有了足以支撑起规模（用户过亿）的应用、商业模式乃至成为通用基础设施的可能。

一、关于 ChatGPT 和人工智能

如果说多年以前 AlphaGo 战胜李世石让人们意识到，机器智能在某个专门领域可以超越人类，即实现所谓的 ANI（狭义人工智能）；那么，今天的 ChatGPT 则让所有公众意识到，人工智能似乎可以替人类做任何事情，可以成为通用认知引擎，即通向

所谓的 AGI（通用人工智能）。

事实上，以生成式人工智能（Generative AI）逆袭人类认知，是机器替代人类最不可思议的版本。OpenAI 曾表示，尽管 ChatGPT 不是真正的智能，但它让人类体验到了当真正的（人工）智能实现后，每个人都能用这种智能做各种他们想做的事情的滋味。

无疑，ChatGPT 可能成为通用引擎，但并非真正意义上的通用智能。目前，尽管科学家在不懈努力，但还没有人可以解释语言大模型在达到规模阈值后所涌现出的惊人性能提升和泛化能力究竟来自何方，也没有人可以解释机器和电路运作背后的原理。

尽管如此，ChatGPT 作为一个建构在大语言模型基础上的产品和应用，终于拥有了颠覆性技术创新的特征。从创新的角度看，不同于渐进式的技术创新，"颠覆性技术创新"是指通过应用对已有传统或主流技术途径产生根本性替代效果的全新技术，带来新的或更多的价值，产生破坏性、颠覆性的力量，引发行业生态系统的巨变。

正是由于这种颠覆性的力量，人工智能在诞生了 67 年后，才有了真正成为通用技术的可能。而这一切，源于规模。

说到规模，可以参考的例子是区块链，尽管当年其热度不输于今天的 ChatGPT，然而，无论是私人数字货币，还是供应链等应用，区块链的产品和应用都没有实现上亿规模的应用，自然也无法带来全球基础设施的更新和变革。

规模带来的一切，ChatGPT 仅用了两个月就轻松实现了。在这个意义上，携基础大模型的威力，以人工智能为核心的数字科技正在真正成为通用技术。

二、关于通用技术及其反身性

以人工智能为核心的数字科技与人类历史上的蒸汽机和电力一样,是代表颠覆性技术创新、被广泛应用的通用型技术(General Purpose Technologies),它正在推动人类社会的第四次科技革命,势必将带来巨大的经济与社会变革。历史上,第一次工业革命的蒸汽机、第二次工业革命的电力与内燃机、第三次工业革命的计算机都是改变历史的通用型技术。数字科技正在解构与重塑整个人类社会进入数字经济社会的过程,一定程度上决定着人类的历史发展走向。

大凡通用型技术与社会经济治理之间都存在很强的反身性,即通用型技术不仅塑造了全新的经济社会生产形态,而新的经济社会生产形态也必然将使人类社会与经济治理体系产生深刻变革。人类社会建立全新的治理体系用以释放新科技的生产力,并规制新科技的"破坏力"。

以史为鉴,在第二次工业革命之中,横跨美国东西两端的铁路网极大地降低了运输成本,美国统一的国内大市场得以形成,进而使美国得以超越英国成为世界经济第一强国,新科技的生产力不证自明。但不为人所熟知的是,铁路是现代经济中出现的第一个"平台"经济,具有很强的自然垄断特性。美国政府率先建立了新的机构——联邦贸易委员会来监管铁路行业,并出台了有关商业、专利、财产和劳工等方面的法律法规来监管铁路行业,这些监管在确保充分与公平的市场竞争以及释放铁路生产力等方面发挥了巨大的作用。当我们回首美国进步时代的反垄断浪潮时,人们往往过于关注企业巨头的拆分等戏剧性事件,却忽视了

"润物细无声"的经济与社会治理制度建设。正是美国在第二次科技革命中建立起了引领全球的经济与社会治理体系,从而奠定了百年前领先全球的美国经济制度基础。

从数字科技与数字经济治理的反身性出发,在探讨数字科技与数字经济的特征及其运行的经济学规律之后,本书进而探索了一系列数字经济治理的核心议题。

三、关于本书的章节脉络

本书首先从基础理论出发,探讨了数字经济的概念与宏观核算,现有的宏观经济核算体系形成于工业革命时代,其发展严重滞后于数字经济的快速发展,在本章中,我们探索了数字经济的范围与核算问题。我们按照数字经济的"体""用""能"三个维度,将数字经济定义为三个由内向外扩展的层面。第一层,数字经济的"体",具体表现为核心数字产业的增加值;第二层,数字经济的"用",主要体现为数字服务和平台经济等数字业态,经济核算对应这些数字经济新业态所创造的增加值;第三层是数字经济的"能",即数字科技如何赋能整体经济,主要体现为数字经济核心行业的产品与服务通过数字化赋能传统产业和实体经济,其度量对应的是效率提高和数字资本积累。

数字经济自有其运转之道。在本书的第二章中,我们探讨了数字经济的宏观与微观经济学基础理论。就微观经济学而言,市场经济微观主体的特征及市场主体之间的竞争结构是市场经济的永恒主题,数字经济也不例外。在数字经济中,涌现出了全新的市场主体,比如平台经济等。新的市场主体特征催生了新的经济学理论，马克·阿姆斯特朗（Mark Armstrong）、让·梯若尔（Jean Tirole）等著名经济学大家提出了双边市场（Two-sided Market）理论来理解数字平台等新市场主体的竞争特征。从市场的竞争格局来看，数据已经成为数字经济时代市场竞争的核心，这形塑了全新的市场竞争格局，但也在根本上对经济学理论提出新的挑战。比如，数据已经成为企业市场垄断能力的基础，旧有的反垄断理论是否适用于这一新的产业竞争现实？大数据消解了旧有的信息不对称，比如厂商现在更为了解消费者的偏好，但是新的信息不对称正在浮现，比如消费者不知道大数据拥有者到底知道他的什么信息、什么偏好。数字经济的挑战不仅体现在微观经济学之中，而且体现在宏观经济学之中。

就宏观经济而言，数字经济已经从经济增长、就业与收入分配和全球化三个方面深刻地改变了宏观经济的运行逻辑。数字经济时代，经济增长的源泉是什么？数字经济时代，效率与公平的权衡有何新的变化？全球化时代，国家之间竞争的格局是否会因为数字经济产生崭新的变化？这些都是时代赋予我们的新问题，在此我们只能通过对现有经济学基础理论最新进展的梳理，初步回答我们对这些问题的一些见解。

与工业经济一样，数字经济的发展同样需要"有效市场"和"有为政府"，但是其核心内容发生了巨大的变化。我们紧扣市场制度和政府政策两个核心视角，从数字基础设施建设、产业政策、创新政策、数据要素市场、劳动力市场和劳工保护政策、开放政策等七大方面系统性地阐述了我们对发展数字经济的政策组合的理解。数字化转型政策的核心是数据，围绕数据一系列新的政策维度逐渐出现。对繁荣的数字经济的一大挑战是如何保证数据合理与充分地流动,如何充分地使用数据并促进数据流动决定了产业竞争的程度与创新能力。而数据流动也带来了新的挑战,如隐私如何保护、开放经济中数据流动如何规制等新问题。

在第四章和第五章中,我们具体而深入地探讨了一系列数字经济治理的核心议题,其中不仅包括近年来广受社会关注的竞争政策和反垄断、消费者保护和网络安全等议题,也涵盖了更为基础性的议题,比如数据治理、数据的交易和共享、人工智能伦理和算法治理等。虽然粗看上去,核心议题分布广泛且分散,然而"吾道一以贯之",所有议题的核心都牵涉数据的基础制度。比如消费者保护的核心是消费者数据与隐私的保护,国际贸易的新课题是跨国数据的交易与共享,而竞争政策与反垄断的核心是数据的交易与共享。虽然在这两章中作者自认比较全面地覆盖了数字治理的重要议题,但是在讨论过程中,深感我们乃至全社会对这些纷繁复杂的议题背后的"道"——数据基础制度的运行规律与机制,理解依旧非常不足。

如前所述,数字经济和社会的变革仍然是现在进行时,因此本书的所有探讨不可避免地具有很强的探索属性。同时,由于作者的功力有限,本书肯定尚有许多不尽如人意之处,希望阅读本书的学者、政企管理者,以及各行各业的朋友不吝批评指正。感谢对本书的主要议题提供指导和讨论建议的所有师友,感谢提供资料支持的各位同学们。感谢中译出版社的责任编辑于宇,对于本书的议题策划、内容覆盖和重点阐释给出了不少建设性意见;感谢文字编辑华楠楠,她不仅欣然忍受了全书 70 余幅图表、大跨度内容议题所带来的繁复编辑工作,还体贴地包容了我们的拖延症。

希望本书能够在中国数字经济及其治理的严肃探讨中抛砖引玉,让学界和全社会共同思考和探讨如何进一步推进中国数字经济的发展和治理,推动人类走向更加美好的未来。

本书作者

2023年2月

目 录

第一章 数字经济概念与核算

第一节 　数字经济概念演进　/　004

第二节 　数字经济核心产业　/　012

专栏1.1 　国家统计局数字经济核心产业增加值估算　/　027

第三节 　数字经济增加值　/　033

第四节 　产业数字化资本存量　/　038

第二章 数字经济的宏观和微观经济学

第一节 　数字经济与经济增长　/　050

第二节 　数字经济、创新与就业　/　053

第三节 　数字经济与收入分配　/　059

专栏2.1 　无形资产　/　063

第四节 　数字经济与开放经济　/　067

第五节　数字经济的微观主体及特征　/ 069

第六节　数字经济的微观市场结构及竞争　/ 073

第三章　发展数字经济的政策组合

第一节　数字经济政策框架与维度　/ 080

第二节　数字基础设施和数字政府　/ 085

第三节　产业政策　/ 089

第四节　创新政策　/ 092

第五节　数据市场政策　/ 097

第六节　劳动力市场和劳工保护政策　/ 102

第七节　教育和培训政策　/ 107

第八节　开放政策：数字贸易与投资　/ 112

第四章　数字经济治理的核心议题（上）

第一节　消费者保护　/ 122

第二节　网络安全　/ 128

第三节　数据治理　/ 135

专栏 4.1　跨境数据治理国际机制　/ 147

第四节　数据的交易和共享　/ 154

第五节　人工智能伦理和算法治理　/ 162

专栏 4.2　人工智能的治理实践　/ 170

第五章　数字经济治理的核心议题（下）

　　第一节　　社交媒体　/ 182

　　第二节　　知识产权保护　/ 186

　　第三节　　竞争政策和反垄断　/ 192

　　第四节　　"数字税"与全球税收治理　/ 204

参考文献　/ 223

第一章
数字经济概念与核算

随着互联网、数字技术迅速发展及其与实体经济的深度融合，20世纪后期兴起的信息经济、互联网经济等概念逐渐演化为如今人们耳熟能详的概念——数字经济（Digital Economy）。

数字经济表现为数字化（Digitization）与信息技术应用场景的快速扩张，数字技术快速从数字产业外溢，在加快传统部门数字化的同时，不断产生新的商业组织形式，形成新的经济发展模式。近年来，随着数字经济开始真正落地，其概念和特征也日益清晰。

本章从数字经济的概念出发，梳理了数字经济统计和核算的基本框架和方法，并对全球主要经济体的数字经济发展进行了度量和比较。

第一节　数字经济概念演进

一、数字经济内涵及定义

"数字经济"一词最早于1996年由唐·塔斯考特（Don Tapscott）提出，他认为，数字经济描述的是一个广泛运用信息通信技术（ICT）的经济系统，包含基础设施（高速互联网接入、计算能力与安全服务）、电子商务（在前端与后端大幅利用ICT的商业模式）以及运用ICT的交易模式，包括企业对企业（B2B）、企业对消费者（B2C）和消费者对消费者（C2C）。

1997年5月，日本通产省（于2001年改组为经济产业省）开始使用"数字经济"这一名词，其认为数字经济是需要具备以下四种特征的经济业态：一是在没有人员、物体和资金转移的基础上能够实现非物理移动型经济；二是合同签署、价值转移和财产积累可通过电子途径完成；三是信息通信技术高速发展；四是电子商务广泛发展，数字化逐步渗透。

美国商务部Margherio等（1999年）认为，基于互联网电子商务，以及对商品和服务的数字化配送都是数字经济的关键词。美国人口普查局的Mesenbourg（2001年）将数字经济的构成定义为三个部分，分别是电子商务基础设施、在网络平台上进行商业运营的企业以及定价并出售商品与服务的企业。

经济合作与发展组织（OECD）（2017年）指出，随着云计算、机器学习、远程控制、自动机器系统的出现，物联网技术逐渐成熟，ICT与经济之间的融贯联系大幅度增加。数字经济迅速发展并渗透到世界经济运行的多个方面，包括零售（电子商务）、交通（自动化车辆）、教育（大规模开放式网络课程）、健康（电子记录及个性化医疗）、社会交往与人际关系（社交网络）等领域。数字化创新和新型商业模式正在引领社会工作和贸易方式的转变。

二、数字经济范围及核算

就统计与核算而言，不同国家和国际组织对数字经济的理解可分为狭义和广义两种。狭义的数字经济仅涵盖了与数字技术相关的最基本的活动，认为数字经济是相关行业或部门的特定指标（如增加值）的集合；广义的数字经济一般被定义为数字化转型等综合影响的结果，包括数字技术促进社会进步等方面的趋势。因此，广义的数字经济内涵不仅要考虑公司、行业或者部门，而且还要考虑所有生产过程中的数字化程度，以及随之而来的劳动力市场需求和法规的变化。

Bukht和Heeks（2017年）将数字经济按范围分成三个层面。最内层是数字经济核心行业，包括ICT制造与信息服务业；核心行业之外则是蓬勃发展的数字服务与平台经济，属于狭义的数字经济；更外围的广义数字经济即经济数字化，包括电子商务、工业4.0、精准农业、算法经济等（见图1.1）。

OECD初步构建了一个既能对接国民经济账户体系（SNA），又能开展独立核算的数字经济卫星账户框架，针对数字经济核算的一些具体问题进行了研究和分析，包括数字经济中的价格和物量核算、个人对个人（P2P）交易中的消费品资本化核算、"免费"经济核算、数字平台中介服务的流量核算等。如对于"免费"经济及类似的非货币化交易问题，OECD主要基于广告融资和数据支持两个视角展开核算（见表1.1）。

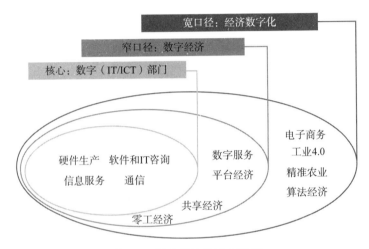

图1.1　数字经济的三个层面

资料来源：Bukht和Heeks（2017年）。

美国经济分析局（BEA）与国际货币基金组织（IMF）在OECD数字经济制造业部分的基础上进行了不同程度的扩充，两者都将服务业拓展到信息传输、软件和信息技术服务业。BEA的数字经济定义还包括电子商务和数字媒体；IMF的数字经济定义则包括了线上平台、共享经济，以及开源免费软件、免费媒体广告等对GDP的贡献，后者通常不包括在传统的GDP统计中（Bukht，2017年；IMF，2018年；Nakamura，2017年）。

BEA对美国数字经济的测算主要基于北美产业分类体系

表1.1 主要机构对数字经济的定义、范围与核算方法

地区	发布机构	数字经济定义	数字经济范围	核算方法
国外	BEA	以互联网及相关的通信技术为基础的经济活动	计算机网络基础设施；通过该系统发生的数字交易（电子商务）；数字经济用户创造和访问的内容（数字媒体）	首先，在供给使用表和NAICS框架下确定数字经济相关的产品目录；其次，确定生产这些产品的行业；最后，核算出数字经济的产出、增加值、劳动者报酬、就业等指标
国外	OECD	整合了所有依赖或通过使用数字输入（包括数字技术、数字基础设施、数字服务和数据）显著增强效率的经济活动	数字驱动行业、数字中介平台、电子零售商、其他数字平台、依赖中介平台的行业、其他行业等六个类别行业	构建数字经济卫星账户框架，进一步细化产业、产品部门的分类，以进行数字经济核算
国内	中国信通信研究院	以数字化的知识和信息作为关键生产要素，以数字技术为核心驱动力，以现代信息网络为重要载体，通过数字经济深度融合，不断提高数字化、网络化、智能化水平，加速重构经济发展与治理模式的新型经济形态	通信设备、计算机及其他电子设备制造业、仪器仪表制造业、信息传输、计算机服务和软件业	将数字经济分为数字产业化和产业数字化两大部分，其中数字产业化部分按照国民经济统计体系中各个信息产业的增加值进行直接加总，产业数字化增加值部分要把不同传统产业产出中数字技术的贡献部分剥离出来，对各个传统行业的此部分加总，得到传统产业中的数字经济总量，核心采用增长核算账户模型和分行业ICT资本存量测算

资料来源：作者整理。

（North American Industry Classification System，NAICS）及供给使用表。首先，基于NAICS框架和专家的意见，识别了供给使用表中200多种数字商品和服务；其次，基于供给使用表，得到美国所有产业对上述数字产品的总产出，并求得每个产业生产各类数字产品的总产出分别占该产业总产出的比重；最后，基于每个产业生产的中间消耗占总产出的比重等于该产业生产数字产品的中间消耗比重这一假设，将前一步骤的比重乘以该产业的增加值，作为该产业生产数字产品的增加值。在得到现价的数字经济总产出和增加值后，BEA又进一步构建了相应的价格指数，进而得到以2009年为基准年的可比价总产出和增加值。

2021年6月，中国国家统计局发布《数字经济及其核心产业统计分类（2021）》（以下简称《数字经济分类》）。《数字经济分类》以《国民经济行业分类》（GB/T 4754—2017）为基础，对《国民经济行业分类》中符合数字经济产业特征的和以提供数字产品（货物或服务为目的的）相关行业类别活动进行再分类，分类主要基于《国民经济行业分类》中4位数行业建立。国家统计局《数字经济分类》将数字经济产业范围确定为5个大类，分别为：01数字产品制造业、02数字产品服务业、03数字技术应用业、04数字要素驱动业、05数字化效率提升业。

从行业分布上看，国家统计局发布的《数字经济分类》涵盖更广。01—04大类为数字经济核心产业；01大类属于制造业；02—04大类属于服务业；05大类为产业数字化部分，指应用数字技术和数据资源为传统产业带来的产出增加和效率提升，是数字技术与实体经济的融合。

中国信息通信研究院将数字经济分为数字产业化和产业数字

化两大部分，其中数字产业化增加值部分按照国民经济统计体系中各个信息产业的增加值进行直接加总，产业数字化增加值部分把不同传统产业产出中数字技术的贡献部分剥离出来，对各个传统行业的此部分加总，得到传统产业中的数字经济总量，并基于增长核算账户模型和分行业 ICT 资本存量测算。

三、构建数字经济发展比较框架

我们基于 Bukht 和 Heeks 定义的数字经济体系，参考 OECD、IMF、BEA 所设的范围和方法，将数字经济定义为三个由内向外扩展的层面：第一层，数字经济核心产业，经济核算对应数字经济核心产业增加值，称之为数字产业；第二层，数字服务和平台经济等数字业态，经济核算对应这些数字经济新业态创造的增加值，第一层和第二层加总，称之为狭义数字经济，核算对应数字经济增加值；第三层，数字经济核心行业的产品与服务通过数字化赋能传统产业和实体经济，称之为广义数字经济，对应国家"十四五"规划纲要中的"产业数字化"。需要特别指出的是，从度量和统计角度看，第三个层面，数字化赋能传统产业和实体经济，即广义数字经济，其度量对应的是效率提高和资本积累（见图 1.2）。

我们定义的数字经济，其核心产业包括高技术硬件制造、软件服务两类，分别对应制造业（电气机械及器材制造、通信设备、计算机及其他电子设备制造与仪器仪表制造）、软件服务（信息传输、软件和信息技术服务业）；数字业态主要对应平台服务（电子商务平台）（见表 1.2）。

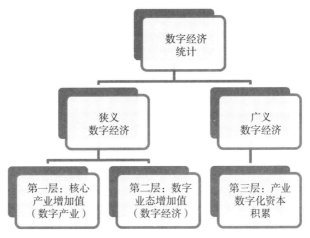

图1.2 数字经济分层与统计

资料来源：作者整理。

表1.2 数字经济统计范围

数字经济体系	分类	行业	备注
狭义数字经济	数字经济核心产业	电气机械及器材制造业	—
		通信设备、计算机及其他电子设备制造业	—
		仪器仪表制造业	—
		信息传输、软件和信息技术服务	—
	数字业态	平台服务	仅包括电子商务平台
广义数字经济	—	产业数字化	—

资料来源：作者整理。

其中，我们对数字核心产业的定义与OECD、IMF、BEA所定义的基本一致。除了核心行业，我们在满足中国数据可得性的情况下尽可能地扩展了数字经济的范围，将电子商务平台纳入了数字经济统计范围。如果不考虑不在 GDP 统计范围的开源软件、免费媒体等传统行业，我们对数字经济的定义与 IMF 基本一致，由于缺少细分行业数据，我们无法像 BEA 一样将互联网媒体纳入统计。

第二节　数字经济核心产业

基于前文所述数字经济定义的三个层面,我们构建了全球数字经济测度体系,以展现中国数字经济的发展及其在全球格局中的地位,并对中国主要省(市)的数字经济发展进行比较分析。

一、中国数字经济核心产业

利用中国国家统计局公开数据,基于前文确定的数字经济范围,我们对中国数字经济核心产业增加值与实际增速进行了估算。

结果显示,2012年以来,中国数字经济核心产业增加值占GDP的比重稳步上升;从2016年开始,数字经济核心产业扩张有所加速,GDP占比快速增加;截至2020年,中国数字经济核心产业增加值达到67 128亿元,占GDP的比重达6.6%(见图1.3)。

从实际增长来看,中国数字经济核心产业增加值增速远高于GDP增速,虽然从2019年开始增速有所放缓,但仍保持在10%以上。在新冠病毒肺炎[①]疫情暴发时,中国数字经济核心产业增加值增速为12.7%,比GDP增速高10.4个百分点(见图1.4)。

---

① 2022年12月26日,新冠病毒肺炎更名为"新冠病毒感染"。

图1.3 中国数字经济核心产业增加值及其所占GDP的比重

资料来源：作者计算。

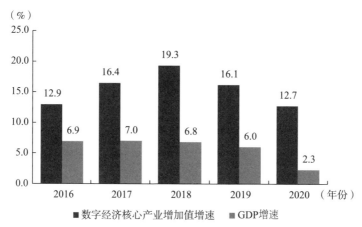

图1.4 中国数字经济核心产业增加值增速与GDP增速

资料来源：作者计算。

从行业层面来看，我们将数字经济核心产业分为硬件制造业与软件服务业来讨论。与2012年相比，2020年软件服务业部门的扩张更加显著，名义增加值增长了3倍多。2016年以来，软件行业增加值占 GDP 的比重每年增长均在 0.2 个百分点以上，是数字经济核心产业中快速扩张的部门，推动着数字经济核心产业占 GDP 比重的上升（见图 1.5）。

对数字经济硬件制造业而言，从 2018 年开始，硬件制造业占 GDP 比重有企稳的迹象。2020 年全球新冠病毒肺炎疫情暴发，中国制造业率先复苏，承接部分海外需求，其所占 GDP 比重上升（见图 1.6）。

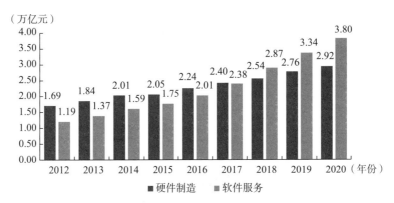

图 1.5　中国数字经济核心产业名义增加值（硬件 & 软件）

资料来源：作者计算。

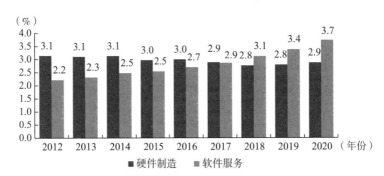

图 1.6　中国数字经济核心产业名义增加值占 GDP 比重（硬件 & 软件）

资料来源：作者计算。

第一章 数字经济概念与核算

从实际 GDP 增速看，尽管数字经济核心产业中硬件制造业增速低于软件服务业的增速，但在经济增长下行的背景下，前者在 2017 年后仍保持了 7% 以上的增长，高出 GDP 增速 3 个百分点以上（见图 1.7）。

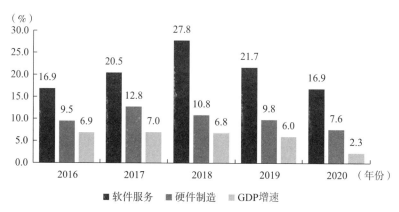

图 1.7　中国数字经济核心产业增加值增速与 GDP 增速

资料来源：作者计算。

二、国际比较[①]

21 世纪以来，全球主要经济体数字经济发展迅猛，中国数

---

① 本节中主要经济体数字经济统计行业基于经济活动国际标准行业分类第四版（ISIC Rev4），这种可比口径的数字经济定义包括硬件制造（电器制造、电子信息产品制造）与软件服务（信息通信与软件服务业）两部分。尽管大类行业与 IMF、OECD 定义的数字经济相符，但缺少细分行业数据（3 位数行业），可比口径的数字经济硬件制造比前文中数字经济的定义包含更多细分行业，包括电机制造、输配电及控制设备制造、广播电视与雷达设备制造等行业，因此与中国数字经济的统计无法直接对应。

字经济成长更可谓一枝独秀。借助第一财经研究院的单位劳动力成本（ULC）数据库，基于可比较的数字经济定义范围，我们估算了全球18个主要经济体[①]的数字经济核心产业增加值的规模、增速及其占GDP的比重，即数字产业体量。

就数字经济核心产业增加值而言，中国数字经济部门在2008年之后的扩张明显加快，2012年更是超越日本成为全球数字产业第二大的经济体。美国以远超第二名的规模，保持数字产业第一大国和强国的地位，2020年的数字产业增加值规模达15 053亿美元。数据显示，中国和美国数字经济核心产业增加值的差距已明显缩小，尤其在2020年新冠病毒肺炎疫情暴发后更加明显（见图1.8）。

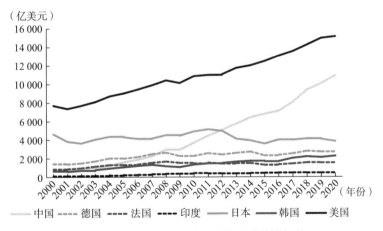

图1.8 主要经济体数字经济核心产业增加值

资料来源：作者计算。

---

① 18个经济体包括澳大利亚、巴西、中国、德国、西班牙、法国、印度尼西亚、印度、意大利、日本、韩国、墨西哥、马来西亚、俄罗斯、土耳其、英国、美国、南非。

第一章 数字经济概念与核算

中国数字经济实际增速明显高于其他主要经济体。2000年以来,中国数字经济核心行业(美元计价)基本保持了超过2位数的增长速度,2020年中国数字产业增加值规模达到10 865亿美元(见图1.9)。在新冠病毒肺炎疫情暴发的2020年本币计价的数字经济核心行业增加值实际同比增长11.4%。按本币计算,2012年以来,中国是唯一一个数字经济核心产业保持2位数增长的主要经济体(见图1.10)。

分别观察数字经济核心产业的硬件制造和软件服务行业,就硬件制造领域而言,中国已在2013年超越美国,成为硬件制造第一大经济体(见图1.11);就软件服务领域而言,中国在2014年超越日本,成为软件服务第二大经济体,但与美国的差距仍然较大(见图1.12)。

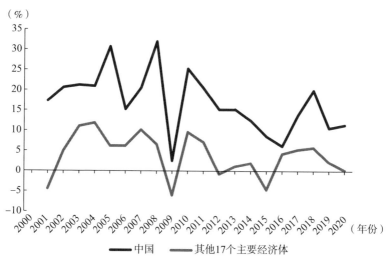

图1.9 中国与其他17个主要经济体数字经济核心产业增加值增速(美元计价)

资料来源:作者计算。

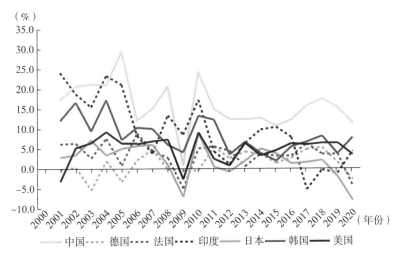

图1.10 主要经济体数字经济核心产业增加值增速(本币计价)

资料来源:作者计算。

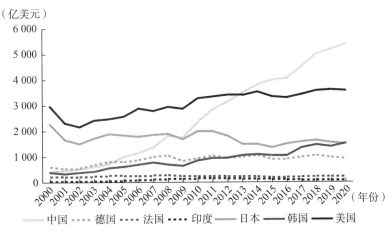

图1.11 主要经济体数字经济硬件制造增加值

资料来源:作者计算。

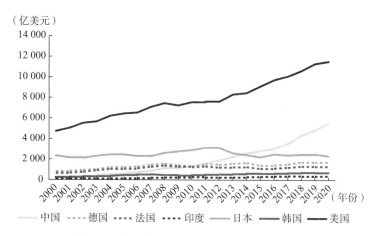

图 1.12 主要经济体数字经济软件服务增加值

资料来源：作者计算。

从数字经济核心产业增加值占 GDP 的比重看，中国在全球主要经济体中居于前列。根据 2020 年的最新数据，韩国和马来西亚在主要经济体中占比最高，分别为 13.7% 和 11.3%；中国排名第五，数字经济核心产业增加值占 GDP 比重为 7.4%（见图 1.13）。

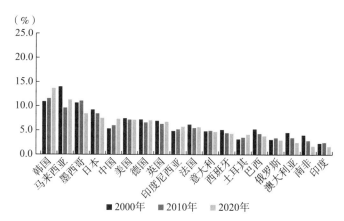

图 1.13 主要经济体数字经济核心产业增加值占 GDP 的比重

资料来源：作者计算。

在可比口径下，2011年以来，中国数字经济核心产业占比呈现持续上升的趋势，2019年中国数字经济核心产业占比首次超过美国，其他主要经济体数字经济占比未有明显的增长趋势，唯一的例外是2016年后的韩国（见图1.14）。

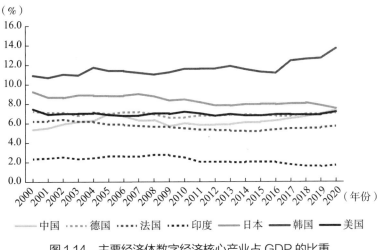

图1.14 主要经济体数字经济核心产业占GDP的比重

资料来源：作者计算。

从数字经济产业结构来看，2011年以来，中国数字经济核心产业发展的主要驱动因素已由硬件制造业向软件服务业转移，软件服务业占GDP比重从2011年的2.1%上升至2020年的3.7%，与主要发达经济体的差距缩小了约1个百分点（见图1.15）。这一点与韩国不同，其数字经济部门的扩张更多是由硬件制造业驱动的（见图1.16）。

观察2020年硬件制造和软件服务增加值占GDP的比重，就硬件制造而言，中国已经在全球主要经济体中处于前列（见图1.17）；中国软件服务领域在全球主要经济体中处于中游，不过，2020

年中国软件服务增加值实际增速是全球最快的(见图1.18)。

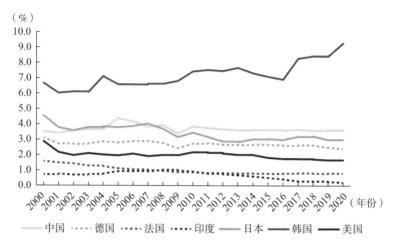

图1.15　主要经济体数字经济硬件制造占GDP的比重

资料来源：作者计算。

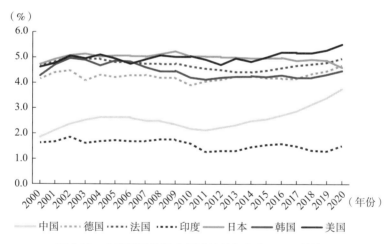

图1.16　主要经济体数字经济软件服务占GDP的比重

资料来源：作者计算。

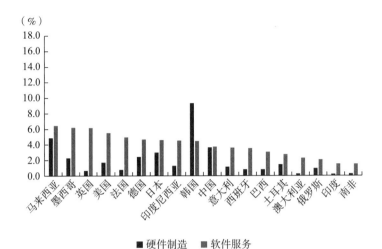

图1.17　2020年数字经济核心产业增加值占GDP的比重

资料来源：作者计算。

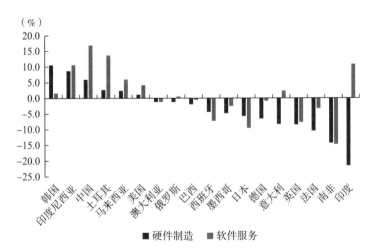

图1.18　2020年数字经济核心产业增加值实际增速

资料来源：作者计算。

三、中国主要省（市）数字经济核心产业发展比较

根据数字经济核心产业的统计框架，我们计算了中国主要省（市）数字经济核心产业（数字产业）的规模、体量和发展态势。

数据显示，2019年在中国主要省（市）中，广东省数字经济核心产业增加值及其占GDP的比重均为最高，2019年广东省数字经济核心产业增加值为20 864亿元，占GDP的比重为19.4%（见图1.19）。值得注意的是，就增加值名义增速看，北京市在2015年之后赶超态势十分明显（见图1.20）。

北京市数字经济核心产业规模快速增加与软件服务业的扩张有关。2013年以来，主要省（市）软件服务业占GDP比重都呈现上升趋势，这一点与全国的趋势相一致，但北京市软件服务业的扩张最快。2013—2019年，北京市软件服务业增加值占GDP比重增幅达到3.6个百分点，是同期全国增幅的两倍多（见图1.21）。

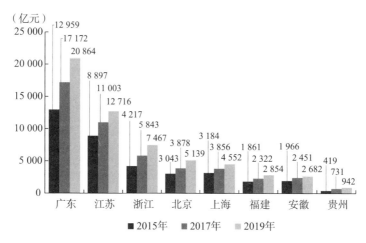

图1.19 主要省（市）数字经济核心产业增加值

资料来源：作者计算。

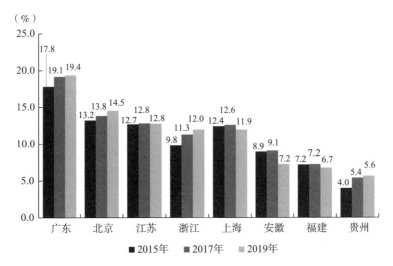

图1.20 主要省（市）数字经济核心产业增加值占GDP的比重

资料来源：作者计算。

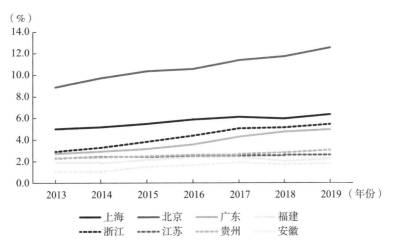

图1.21 主要省（市）数字经济软件服务增加值占GDP的比重

资料来源：作者计算。

对硬件制造业而言，主要省（市）的表现有所分化。2013—2019年，除浙江省、贵州省外，数字经济硬件制造占GDP比重都呈下降态势，其中多数省（市）降幅都超过了1个百分点，这比全国下降幅度更高，可能与数字经济制造业在省际转移有关（见图1.22）。

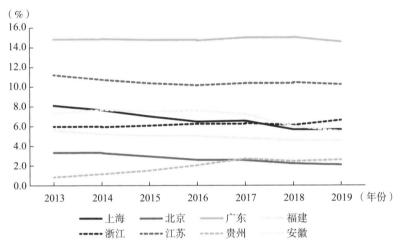

图1.22 主要省（市）数字经济硬件制造增加值占GDP的比重
资料来源：作者计算。

从主要省（市）数字经济核心产业的结构来看，分化显著。2019年北京市、上海市与贵州省三地的数字经济核心产业中软件服务业已占据半壁江山，其中北京市的软件服务业占数字经济核心产业的比重更是达到了85.7%（见图1.23）。

由于除北京市、上海市之外的主要省（市）未披露软件服务业GDP实际同比增速，所以我们无法估计这些省（市）数字经济核心产业GDP实际增速。仅以北京市、上海市做比较，两地增速均不及全国水平，这可能与其数字化水平已经较高有关（见图1.24）。

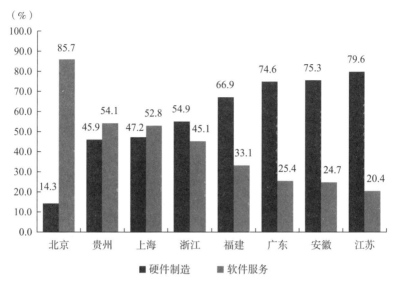

图1.23　2019年主要省（市）数字经济核心产业结构

资料来源：作者计算。

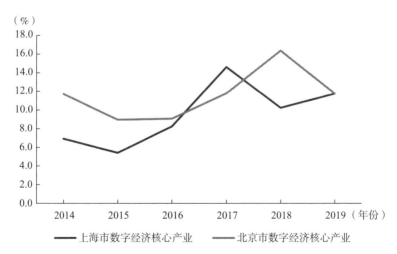

图1.24　北京市、上海市数字经济核心产业实际GDP增速

资料来源：作者计算。

专栏 1.1　国家统计局数字经济核心产业增加值估算

按照国家统计局的数字经济分类,我们基于可获得的数据进行了初步估算。

需要指出的是,国家统计局《数字经济分类》下 05 大类(产业数字化部分)中所有子行业均被标注"*",这些带"*"行业只对应国民经济行业小类中的部分活动内容。以住宿业为例,《数字经济分类》中的"*住宿业"只强调利用信息化技术开展的高效、精准、方便的现代住宿活动。出于数据可得性与行业细分的可操作性等考虑,我们对产业数字化部分不做估算,仅估算数字经济核心产业增加值。在数字经济核心产业中,受限于数据可获性,我们无法按照国家统计局 01—04 大类行业进行区分,仅考虑制造业与服务业的划分。

估算方法

我们使用的增加值数据来自投入产出表。由于投入产出表的数据基于 3 位数行业,无法满足国家统计局《数字经济分类》中的要求——基于 4 位数行业进行统计。我们从《数字经济分类》与《国民经济行业分类》出发,建立了基于 3 种假设的数字经济核心产业增加值估计,其中假设 1、假设 3 可以看作数字经济核心产业范围的上下限,假设 2 为数字经济核心产业的近似估计。

具体来看，假设1中只有当投入产出表下的3位数行业全部属于《数字经济分类》时，才纳入统计，这会忽略那些部分4位数行业属于《数字经济分类》的3位数行业。假设2将假设1忽略的3位数行业纳入统计，为便于计算，我们假定4位数行业的增加值在对应3位数行业中等权重分布。此时，以3位数行业输配电及控制设备（382）为例，其包含6个4位数行业，其中电力电子元器件制造（3824）、光伏设备及元器件制造（3825）属于数字经济行业，则数字经济权重为2/6，即382行业增加值中有2/6属于数字经济。假设3的覆盖范围最广，只要投入产出表3位数行业中有细分行业（4位数行业）被认定为数字经济行业，就将3位数行业纳入数字经济统计。

需要注意的是，由于《数字经济分类》中也有少量带"*"行业，为了简化计算，我们的处理方法如下：如果3位数行业中所有细分行业（4位数行业）带"*"，则不计算该行业；反之则不区分带"*"行业与其他数字经济行业。

具体计算中，缺少投入产出表数据年份的名义增加值使用年度统计数据趋势估计［年度统计数据的行业分类（制造业2位、服务业1位）不能精确对应投入产出表中3位数行业，因此存在估计误差］。其中，制造业增加值使用对应行业的规模以上工业增加值增速与工业生产者价格增速估算名义增加值；服务业增加值则使用国家统计局公布的年度GDP名义同比数据进行估算。对于增加值实际增速，我们使用对应行业实际增加值增速与名义增加值权重进行估计。其中，关于制造业增加值实际增速，我们采用国家统计局公布的规模以上工业增加值同比数据替代，服务业增加值实际增速使用国家统计局公布的年度GDP实际同比数据。

估算结果

具体来看，2012年以来，国家统计局《数字经济分类》下3种假设的数字经济核心产业名义增加值均呈现上升趋势，2020年假设1、假设2、假设3的增加值分别为66 241亿元、90 095亿元与295 368亿元（见图1.25）。其中假设1、假设2统计的数字经济核心产业占GDP规模比重稳步上升，2020年占比分别达到了6.5%和8.9%。根据官方公布的"十四五"数字经济发展规划中的数据，2020年数字经济核心产业增加值占GDP比重为7.8%，恰好落在假设1与假设2的区间中。假设3包含了不少本不属于数字经济定义下的4位数行业，因此可能在一定程度上模糊了数字经济的发展趋势。2020年假设3统计的数字经济核心产业增加值占GDP比重反而较2019年下降了0.3个百分点，至29.1%（见图1.26）。

在3种假设下，中国的数字经济核心产业实际增速都高于GDP总体增长，2020年假设1、假设2估计的增速均超过10%，远高于同年GDP增速的2.3%。但值得注意的是，2019年以来，数字经济核心行业增加值增速放缓，3种假设的估计均呈现这一趋势（见图1.27）。

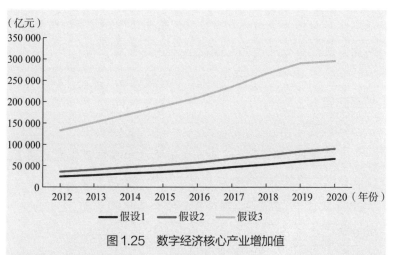

图 1.25　数字经济核心产业增加值

资料来源：作者计算。

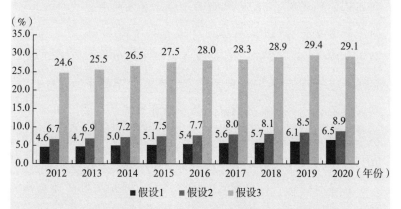

图 1.26　数字经济核心产业增加值占 GDP 的比重

资料来源：作者计算。

从分行业层面来看，2012 年以来，3 种假设的数字经济核心产业制造业和服务业名义增加值持续增长（见图 1.28 和图 1.29）。2020 年，受新冠病毒肺炎疫情的影响，内外需求刺激中国制造业快速恢复，在 3 种假设下，数字经济核心产业制造业占GDP比重较2018年与2019年有所回升。而对于服务业来说，除假设3外，2020年其他2种假设数字经济核心产业服务业占GDP比重保持上升趋势。

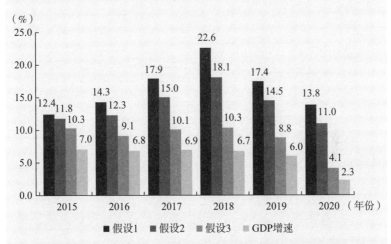

图1.27　数字经济核心产业增加值实际增速与GDP增速

资料来源：作者计算。

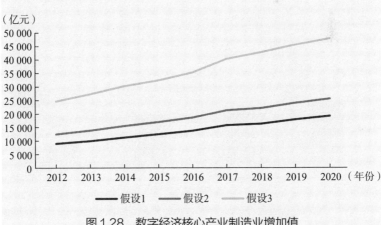

图1.28　数字经济核心产业制造业增加值

资料来源：作者计算。

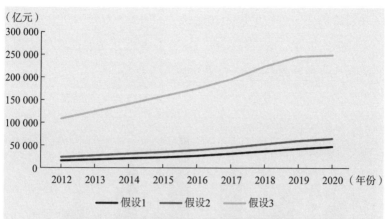

图 1.29 数字经济核心产业服务业增加值

资料来源：作者计算。

2020年数字经济核心产业分项增加值实际增速来看，在3种假设下的实际增速均高于对应行业同年GDP实际增速（见图 1.30）。

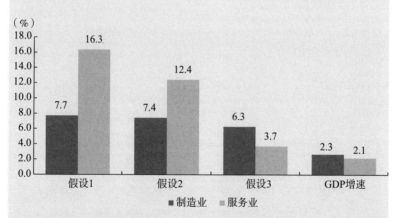

图 1.30 2020年数字经济核心产业分项增加值实际增速与GDP实际增速

资料来源：作者计算。

第三节 数字经济增加值

一、中国数字经济发展

在数字经济核心产业增加值的基础上,我们还引入了平台经济数字增加值的度量,测算了狭义口径下中国数字经济增加值,并对其实际增速进行了估算。估算结果显示,近年来,中国数字经济增加值占GDP总量的比重稳步上升,2020年中国数字经济增加值达到95 835亿元,占GDP比重达9.4%(见图1.31)。同时,数据显示,中国数字经济的劳动生产率明显高于整体经济(见图1.32)。

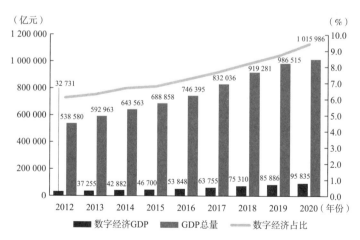

图1.31 中国数字经济增加值及其所占GDP的比重

资料来源:作者计算。

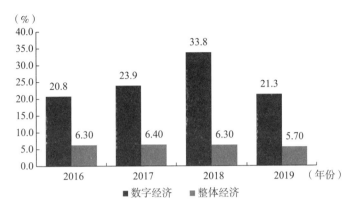

图 1.32 中国数字经济劳动生产率

资料来源：作者计算。

从实际增长来看，中国数字经济实际增速也高于 GDP 增速，2016—2018 年都保持了 20% 左右的增速。2019 年以来，二者增速有所放缓，在新冠病毒肺炎疫情暴发的 2020 年，数字经济增速为 9%，仍比 GDP 增速高 6.7 个百分点（见图 1.33）。

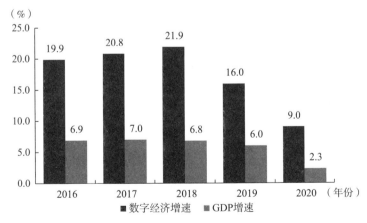

图 1.33 中国数字经济增速与 GDP 增速

资料来源：作者计算。

2012年以来，平台经济（主要为零售平台）快速扩张，2020年平台经济名义总增加值较2012年增长了7倍有余，其占GDP的比重也持续上升（见图1.34）。但随着市场趋于饱和，2016年以来，平台经济增加值增速快速下降，2020年增速已经降至0%，这可能与新冠病毒肺炎疫情暴发后的消费增速放缓有关（见图1.35）。

图1.34 平台经济名义增加值与其所占GDP的比重

资料来源：作者计算。

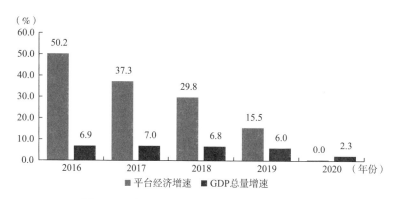

图1.35 中国平台经济增速与GDP总量增速

资料来源：作者计算。

二、主要省（市）数字经济发展比较

根据数字经济统计框架，我们计算了中国主要省（市）的数字经济的规模、体量和发展态势。

与数字经济核心产业类似，2019年在中国主要省（市）中，广东省数字经济增加值、数字经济增加值占GDP比重均为最高，2019年广东省数字经济增加值为23 771亿元，占GDP的比重为22.1%（见图1.36和图1.37）。

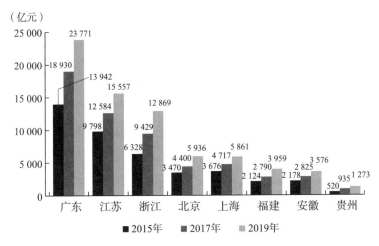

图1.36 主要省（市）数字经济增加值

资料来源：作者计算。

此外，主要省（市）平台经济占GDP的比重也呈现上升趋势，这在长江三角洲地区（上海市、江苏省、浙江省）更加明显，2019年长江三角洲地区的平台经济增加值占GDP的比重均超过全国平均水平（见图1.38）。

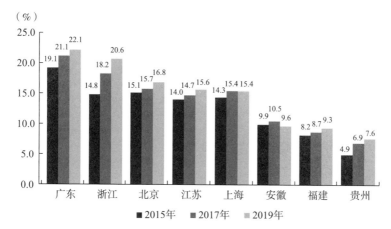

图1.37　主要省（市）数字经济增加值占GDP的比重

资料来源：作者计算。

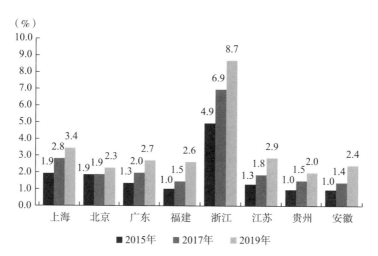

图1.38　主要省（市）平台经济增加值占GDP的比重

资料来源：作者计算。

第四节　产业数字化资本存量

一、中国产业数字化资本存量

我们使用中国投入产出表数据，利用插值与外推法，计算了中国数字经济的资本存量，以此来度量广义的数字经济，即产业数字化的规模。此外，我们也计算了数字经济投资规模，数字经济投资规模是产业数字化规模的中间变量，其与产业数字化规模（资本存量）相对应，是数字经济资本形成的流量。计算方法是，将每年数字经济定义下的行业（硬件制造与软件服务业，其中硬件制造包括电器、电子设备与仪器仪表制造，软件服务为软件与电信基数服务业）投入产出表最终使用固定资本形成总额用插值与外推法补全，再使用美国ICT投资品价格指数估算了实际值，从而计算出产业数字化投资增速。

据此估算，2015年以来，中国数字经济资本存量持续增长，资本流量增速均高于同期固定资本形成增速。截至2019年，资本存量占GDP比重已经达到23.1%（见图1.39）。分行业来看，2018年以来，与硬件制造相关的资本积累快速增加，但与软件服务相关的资本存量增速有所放缓（见图1.40），这与相关投资流量增速放缓有关（见图1.41和图1.42）。

第一章 数字经济概念与核算

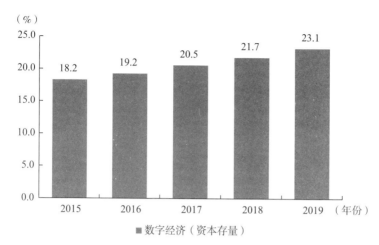

图1.39 中国数字经济资本存量占GDP的比重

资料来源：作者计算。

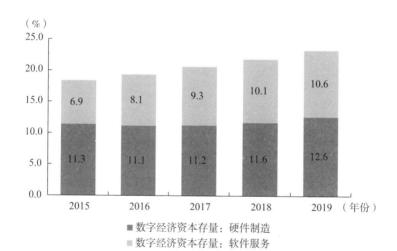

图1.40 中国数字经济资本存量细分占GDP的比重

资料来源：作者计算。

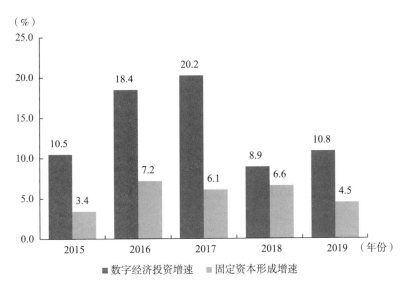

图 1.41 中国数字经济投资增速与固定资本形成增速

资料来源：作者计算。

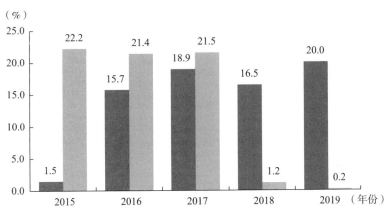

图 1.42 中国数字经济资本流量细分

资料来源：作者计算。

二、国际比较

我们基于国际比较口径，测算了主要经济体数字经济的资本存量。从资本存量绝对水平来看，中国虽然落后于美国，但与美国的差距正在逐步缩小（见图1.43）；如果衡量资本存量占GDP的比重，中国在主要经济体中已经排名第一（见图1.44）。

从资本存量的变化趋势观察，除日本外，其他主要经济体数字经济资本存量占GDP的比重均呈现上升趋势，这主要得益于软件服务相关投资的增加。与主要经济体相比，中国数字经济资本存量的结构存在明显差异。一方面，与中国硬件制造相关的资本存量比例偏高，2014年以来，始终处在10%以上，且呈现上升趋势，这一点与其他主要经济体的情况相背离；另一方面，中国软件服务投资相对较弱，从占GDP的比重来看，中国与其他主要经济体的差距仍在扩大（见图1.45和图1.46）。

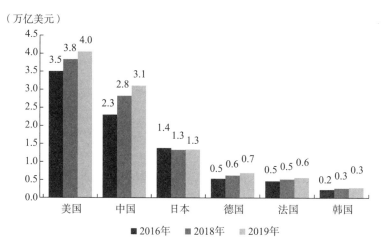

图1.43　主要经济体数字经济资本存量

资料来源：作者计算。

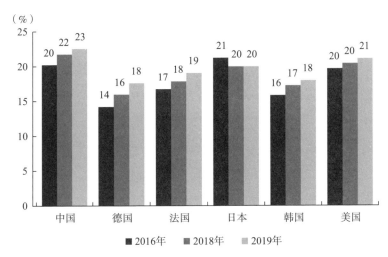

图1.44 主要经济体数字经济资本存量占GDP的比重

资料来源：作者计算。

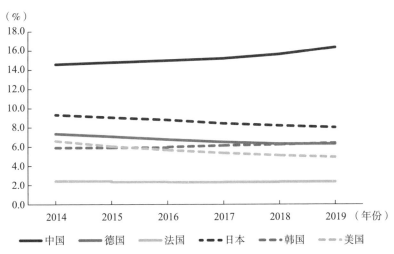

图1.45 主要经济体数字经济硬件相关的资本存量占GDP的比重

资料来源：作者计算。

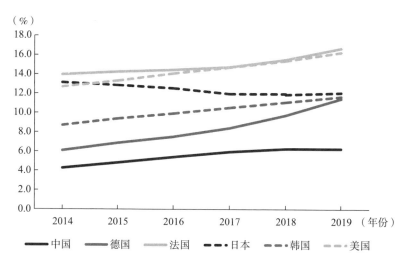

图 1.46　主要经济体数字经济软件服务相关的资本存量占 GDP 的比重
资料来源：作者计算。

三、中国主要省（市）数字经济资本存量

我们也估算了中国主要省（市）数字经济资本存量与资本流量。结果显示，广东省数字经济资本存量最高（见图 1.47）；从占 GDP 的比例来看，北京市、上海市排名有所提高，北京市甚至超过广东省，在主要省（市）中数字化资本存量占 GDP 的比重最高（见图 1.48）；但从资本流量增速来看，2016 年以来，浙江省始终是主要省（市）中增长最快的（见图 1.49）。

从数字经济资本存量角度观察，各省（市）间存在明显差异，上海市和北京市的产业结构类似，信息技术和软件服务占比最高。而广东省和浙江省结构更为接近，硬件制造占比最高（见图 1.50）。

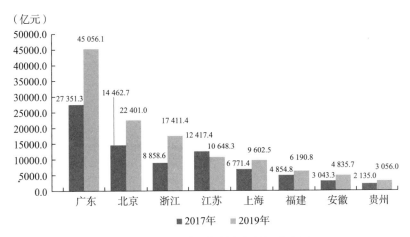

图1.47 主要省（市）数字经济资本存量

资料来源：作者计算。

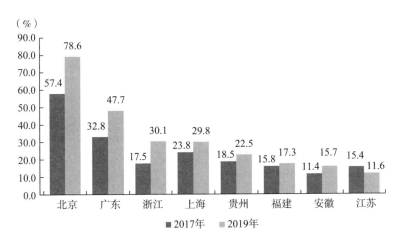

图1.48 主要省（市）数字经济资本存量占GDP的比重

资料来源：作者计算。

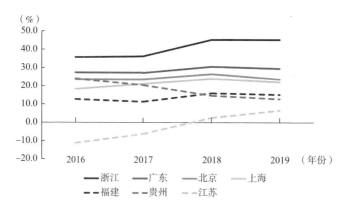

图1.49 主要省（市）数字经济资本流量增速

资料来源：作者计算。

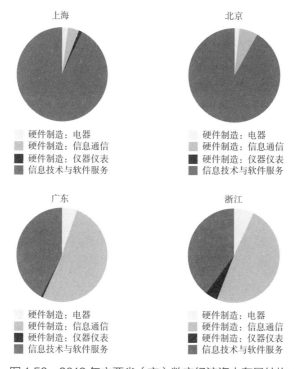

图1.50 2019年主要省（市）数字经济资本存量结构

资料来源：作者计算。

第二章
数字经济的宏观和微观经济学

随着数字技术日趋成熟和数字技术应用领域不断拓宽，数字经济对经济和社会的方方面面都正在产生变革性的影响。本章从数字经济与传统经济的区别出发，分析了数字经济发展对经济增长、就业、收入分配、国际贸易等宏观经济领域产生的影响。同时，作为数字经济的微观主体，平台企业、科技巨头展现出强大的生命力，改变了市场结构，带来了数字经济时代的竞争新议题。

第一节　数字经济与经济增长

一、数字经济特征

数字经济是一种新型经济形态，其生产投入主要是数据和数字技术，因此表现出以下鲜明特征。

一方面，数字化的边际成本接近于零，这是数字经济最核心的经济学特征。在传统经济中，产量增加使边际成本开始递减，这几乎是商品生产的普遍规律。但这种递减不会是无限的，当超过一定的限度时，资源的缺乏就会导致边际成本再次上升。数字经济生产要素中的基础设施由软件和硬件构成，其中软件部分一旦推广和应用起来，复制和传播的成本就会非常低。因此，数字经济的边际成本在理论上可以无限趋近于零。

另一方面，网络效应是数字经济和平台企业最广为人知的特征。虽然传统经济中也存在网络效应，但随着平台的崛起，数字经济中的网络效应被极度放大。网络效应可以分为直接网络效应和间接网络效应。直接网络效应是指随着数字经济客户数量的增加，对客户本身而言，数字经济的价值和吸引力也在增加。例如微信和微博，更多的活跃用户数量自然会吸引新客户注册。而间接网络效应是指数字经济的一方客户（如消费者）实现的价值会随着另一方客户（如服务提供方）数量的增加而增加。假设一个互联网平台有可能接触到更多的潜在客户，那么它对广告商而言就更有价值。如果有更多的广告商被吸引，对那些想买东西的客户来说，也会产生新的价值，因为用户更有可能看到相关的广告，所以降低了信息摩擦成本。

由于存在边际成本接近于零和网络效应的特征，并且数据资源是无穷无尽的，如果不考虑算力的限制，数字经济应该表现出指数级扩张的趋势，这与近年来数字经济爆发式增长相吻合。

二、数字经济与宏观经济增长

学界关于数字经济与经济增长的理论研究方兴未艾。研究者从数据出发，作为数字经济发展的基础，数据具备非排他性，并且传播的边际成本为零。因此，数据的使用存在规模报酬递增的属性，体现为更多的使用数据将带来更高的收益。已有学者将数据这一特殊市场要素引入经典的内生经济增长模型，研究数字经济对经济增长的影响。

Nordhaus（2021年）初步回答了有关数据对于经济增长与发展的影响是一次性的效应提升，还是一个新增长引擎的问题，即人工智能能否帮助我们走向经济增长的奇点。该研究虽然估计了信息和传统要素投入的替代性，但是一些岗位难以由人工智能替代，因此，经济增长的奇点尚未到来。这些研究也解释了过去一个世纪以来，虽然自动化不断发展，但资本占比和人均GDP增长率较为稳定的事实。

Jones和Tonetti（2020年）将数据所具备的这两个特性引入内生经济增长模型，讨论了数据产权问题：数据应该是企业所有，还是消费者所有？由于数据具备非排他性，企业分享数据能够极大地扩大数据使用的规模收益。但当数据为企业所有时，出于对创造性破坏的畏惧，企业往往倾向于数据垄断，从而降低了全社会的数据利用效率。而当数据为消费者所有时，即使考虑消费者隐私保护，全社会的数据利用效率也将大大提高，进而促进经济长期增长。

如果数据要素未充分共享与利用，那么其对经济效率的影响则多是负面的。Ali、Chen-Zion 和 Lillethun（2020 年）借助搜寻匹配模型，指出搜寻者未充分共享搜寻信息带来了匹配效率的下降。Akcigit 和 Liu（2016 年）则借助内生经济增长模型发现，研发者未充分贡献研发过程中失败的信息，导致失败的实验被过度重复，降低了社会的研发效率乃至影响长期增长。

同时，一些实证研究结果显示，从长周期来观察，21 世纪以来（特别是 2005 年以来）的数字经济和技术进步并未促进效率提升，相反，劳动生产率和全要素生产率都面临着停滞甚至下降的情况（见图 2.1），这意味着，数字经济的发展对经济增长的长期推动并没有得到实证的有力支持。

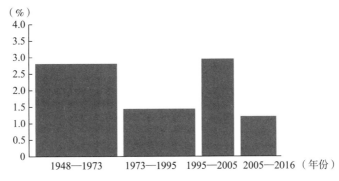

图 2.1　1948—2016 年美国劳动生产率变化

资料来源：Bloom 等（2020 年）。

第二节　数字经济、创新与就业

随着数字化不断向纵深发展，人们越发意识到技术变革对经济社会的影响。一方面，新的商业模式出现不仅带来新的就业机会，信息技术也在一定的时间内使传统行业劳动生产率水平得到了提升。另一方面，历次技术革命所导致的失业问题备受关注。

过去，经典经济理论认为科技对经济的影响是一致的（均衡的），这种理论无法将"科技"这一抽象概念具体化，并且认同科技的外生性（Exogenous），这类模型存在一定局限性，因为科技变化对经济的影响本质是不均衡的，却被置于大体（或部分）均衡的市场环境中研究。实际上，科技进步通常会简化生产过程，同时新产品会伴随着出现，但很少有研究会考虑后者。这类研究发现，就业减少一般并非永久性导致人们失业，而是薪水可能下降，但科技进步往往能吸引失业者回到就业市场。

关于创新和其结果更加有说服力的研究从一开始就试图解决不均衡的问题，这种思路来自新熊彼特学派（Neo-Schumpeterian）。该学派认为，发达经济体正在见证信息技术带来的经济范式的变化。这种变化创造和摧毁了大量工作，但问题核心在于，在高度动态化的科技变化中，工作被创造和摧毁的程度以及科技被采纳的速度是如何的。更重要的是，失去的工作和新增的就业岗位之间存在地理差异和技能差异，这会带来一定的错配。调整的速度也至关重要，因为这将决定失业的性质究竟是属于摩擦性失业

（冲击易被劳动力市场吸收），还是技术性失业。

新熊彼特学派也定义了何谓产品创新，包括带来新的产品或提升产品的质量以及对生产过程的创新两部分。生产过程的创新被认为是新的生产方法或改变商品的商业化行为，其能够带来更高的生产率，伴随着劳动力和资本的节约，以及价格下降的可能。这种变化通常的结果是高生产率和高失业率，但如果创新提高了产品质量或降低了价格，增加的需求可能会带来更多就业机会。

而新产品的出现，可能是彻底的创新（新出现的事物），也可能是基于过去事物的创新或模仿其他国家或公司的产品。大体上说，产品的创新提高了产品的质量，增加了多样性，这可能会出现新的市场，从而带来更多产量和就业机会。但新产品也可能只是旧产品的替代物，其经济影响有限。另一种情况可能是新产品仅仅减少了成本，那么其影响与生产过程的创新影响相似，取决于需求变化的情况。

新产品进入市场可以被分为消费品、中间品或资本产品，分别对应着消费者、公司和投资者。此外，创新的投资产品具有双重属性，其属于产出者的新产品，但最终在购买方变成生产过程的创新。那么其对就业的影响也要分开讨论，对于生产者的就业影响是正向的，但对于投资产品的行业来说，其就业影响可能为负（当新增需求不足时）。

然而，在日常经济活动中，新产品和新生产流程往往是同时出现的，之后还会伴随模仿者的出现，并且公司也可能将新产品和新生产流程应用于其他行业，因此对就业的影响就会在经济中扩散开来。

创新与就业的动态过程是十分复杂的，在实证研究层面，这种扩散效应的研究主要从特定的科技出现及其后续演进过程中出发，也可以通过企业或行业的调研数据来展现新产品与新生产流程出现的影响。但传统的研究与开发（R&D）投入和专利数据却无法捕捉到模仿者和新生产流程的影响。

即便如此，经济学界的理论和实证研究仍然从近乎一致的角度看待创新——以 R&D 投入或者专利数据作为创新的观察变量。1994—1996 年欧盟对公司的研究表明，50% 左右的制造业公司有产品或生产流程的创新，40% 的服务业公司存在产品创新。总体来看，1994—2000 年创新确实造成欧盟大多数行业工作岗位减少，但创新对就业的影响曲线却是积极的。

Feldmann（2013 年）针对 1985—2009 年 21 个工业化国家的数据研究（以人均专利数衡量创新）表明，科技进步在开始三年对就业造成了冲击，但从长远来看，这种冲击却渐渐消失。该研究结果还表明了一系列宏观因素，如劳动力市场特征、就业保护、通货膨胀和产出缺口等的影响。

从整体来看，技术创新对劳动力友好的局面只有在市场具有竞争性和灵活性，同时对产品和劳动力还具有一定的需求弹性的时候才会出现。

而公司层面的创新带来的就业影响是直接的，学术界对该问题进行过大量的研究［Petit（1995 年），Chennells 等（1999 年）］。实证研究的结果主要利用公司年度的调研面板数据，研究涵盖的行业从细分制造业到服务业。研究结果表明，公司层面的创新对就业有积极促进作用。不论是产品创新，还是生产过程的创新，公司都将进入高速成长期，其雇员数也相应增长，这个结论在不同行业、不同大小及面临其他不同因素（公司结构、竞争环境、灵活性等）的公司均同样适用。但局限于公司层面的研究，无法解释这种高速扩张与就业增长是否是建立在其竞争者受损的代价之上。

对行业层面的研究表明，那些需求高速增长且产品（服务）导向型的创新，其带来的就业影响是积极的，但生产流程创新往往造成工作岗位减少。综合来看，创新的影响取决于具体国家和某个时间段，但更高速的需求增长将会带来更积极的就业促进作用。

近来的研究结果表明，数字经济的发展可能对就业有积极的促进作用。在 Goldfarb 和 Tucker（2019 年）关于数字经济的微观经济学综述中，作者认为，数字经济降低了经济中的搜寻成本。在宏观经济学中，遵循经典的搜寻匹配的劳动力市场分析的传统，Autor（2001 年）分析了搜寻成本下降对劳动力市场的影响：搜寻成本的下降将同时降低失业率与空岗率。Kuhn 和 Mansour（2014 年）的实证研究发现，使用网络继续求职的申请者找到工作的概率更高。

关于人工智能技术的发展，研究人员也探究了其对于劳动力需求的影响。Acemoglu 和 Restrepo（2018 年）构建了一个理论分析框架将人工智能对劳动力需求的影响分为替代效应（Displacement Effect）和生产率效应（Productivity Effect），前者是指人工智能技术能够通过自动化替代特定技能的劳动者，从而降低劳动力需求和工资，后者指人工智能技术促进了经济整体的生产率，从而增加非自动化任务的劳动力需求。Autor（2019 年）采用 1963—2017 年美国人口普查数据（年度社会与经济补充数据），构建了就业的结构性特征事实，印证了 Acemoglu 和 Restrepo（2018 年）的理论。

从就业和失业数据看,近年来,尽管中国劳动参与率有所下降(见图 2.2),但劳动参与率的变化更多受人口结构与宏观经济环境影响。就美国劳动参与率的长期趋势而言,1950 年至今,美国劳动参与率并未因科技的影响而显著变化(见图 2.3)。

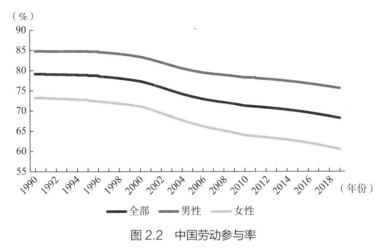

图 2.2　中国劳动参与率

资料来源:国际劳工组织。

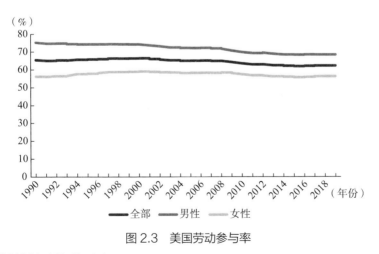

图 2.3　美国劳动参与率

资料来源:国际劳工组织。

从中国失业率的变化来看，波动多与经济变化有关，并未因数字化而出现大范围的失业（见图2.4）。在这一点上，美国也有类似的情形，失业率高企的时候，往往是美国经济或金融出现危机的时候（见图2.5）。

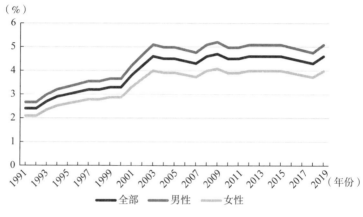

图 2.4　中国失业率

资料来源：国际劳工组织。

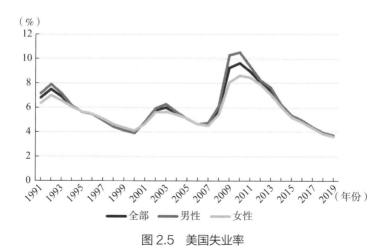

图 2.5　美国失业率

资料来源：国际劳工组织。

第三节　数字经济与收入分配

数字经济的出现带来了新的经济价值创造方式，其中的数字化技术、人工智能和自动化程序更是成为近年来科技与经济发展的源动力，同时这些技术也在某种程度上改变价值分配的过程。除了全球化和一些制度因素，长久以来技术进步都被认为是收入不平等的来源（Guellec，2017年）。

学术界对科技进步与收入分配的研究主要聚焦于技术倾向性的科技变化，这会使具有相关技能的劳动力收入与不具备相应技能的工人的收入水平出现分化。历史上，技术进步促进了生产率提升，而具有相应技能的劳动力收入也大幅增加，数字化技术也并不例外。

同时，数字化和自动化可能使人类劳动力需求下降。波士顿咨询公司（Boston Consulting Group，BCG）的调研报告显示，过去10年间，机器人的软、硬件价格分别下降了约40%。以焊接工为例，其雇佣成本（包括各项福利）约为25美元/小时，而机器人的成本仅为8美元/小时。由此可见，部分工作将面临人工智能的剧烈冲击。

数字技术还从其他渠道影响收入分配。在那些集中度高的市场上，数字化创新会放大市场租（Market Rent），这在一定程度上解释了高收入群体收入份额的增加，特别是高级管理人员和股东。

经典经济理论中新熊彼特学派发现,创新与市场租有关。成功的创新可以在一定时间内独享创新的优势。基于先发优势、知识产权保护、商誉、市场进入壁垒以及其他网络外部性,这给予创新者一定的定价权,弥补其研发投入。但如今数字技术使知识和无形资产变成商业和经济行为的重要投入,这种变化使创新增加的经济租带来更多的收入,特别是那些集中度高的市场获益更多。随着数据和软件公司通过扩大规模,大幅度降低单位成本,使成功的公司可以快速地扩张。与此同时,一些实证研究结果显示,美国企业的创造性破坏在20世纪90年代以后逐渐下降(见图2.6)。

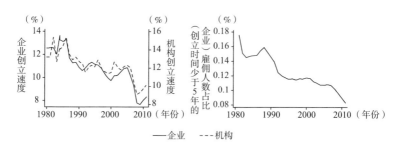

图2.6 美国企业"创造性破坏"下降

资料来源:Decker等(2016年)。

从资本和劳动的份额来看,收入分配恶化其中的一个重要根源是利润收入的扩张与劳动收入份额的下降。实证研究显示,21世纪以来,企业税前与税后利润占美国国民收入的份额不断上升,而在国民收入中,劳动收入份额不断下降(见图2.7)。

作为全球数字经济最为发达的国家,美国为何会陷入收入分配恶化的局面呢?近年来,美国的"超级明星"企业现象,即美国各行业的平均集中度快速上升可能是其中的一个原因。20世纪 80 年代以来，美国各行业前 4 与前 20 大企业的市场份额持续上升（见图 2.8）。行业中大企业集中度的上升，使得各行业的垄断程度上升，进而企业的平均成本加成，即平均利润率也持续上升，De Loecker 和 Eeckhout（2017 年）基于美国微观企业数据的实证结果证实了这一点。Andrews、Criscuolo 和 Gal（2016 年）进而发现各部门中集中度的上升与部门整体的劳动生产率增长呈明显的负相关关系。

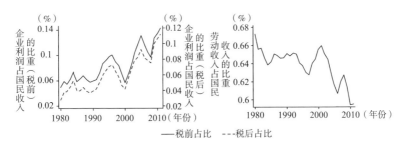

图 2.7　资本扩张与劳动收入份额下降

来源：Karabarbounis 和 Neiman（2014 年）；Akcigit 和 Ates（2021 年）。

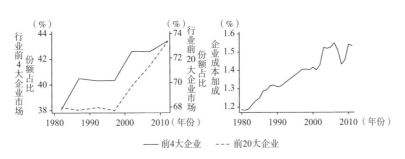

图 2.8　市场集中度上升

资料来源：Autor 等（2017 年）；De Loecker 和 Eeckhout（2017 年）。

从微观结构看，在数字时代，公司间的不平等变得更为巨大，这也在一定程度上造成了收入不平等。行业领袖可以通过巨大的研发投入，不断稳固其领先优势，而在其中工作的员工也普遍具有更高的收入。但是，雇员的收入与投资人、所有者和高级管理人的收入差距仍较大，此外，未能进入"超级明星"企业的劳动力收入可能会持续下降甚至被淘汰，这更加剧了收入不平等的现象。

无形资产

在过去几十年间,无形资产成为企业资产越来越重要的组成部分,Corrado 等人(2009 年)的实证研究发现,无形资产比例的上升很大程度上是由信息与数字技术的变革所推动的。

无形资产包括企业的研发投入、软件投资以及其他组织资本的投资,进入数字经济时代,企业所拥有的数据也成为无形资产的一部分。当前无形资产的理论框架主要致力于回答两个数字经济的核心问题:一是如何更准确地度量数据等企业的无形资产;二是将无形资产引入经典的投资理论框架之后,能否解释数字时代宏观投资的结构变化。

第一个问题的核心是无形资产的度量。许多无形资产,如软件投资与实物资产相同,都是按照投资的成本计入企业的资本存量,但是将数据这一要素纳入考虑后,情况就变得复杂了。如果企业由外部购入数据,那么可以按照购买数据的成本度量企业的数据资产。但是在数字经济时代,大量的企业数据并非购买而来,而是由企业自身业务所累积的,由于大量的数据并未在市场交易,所以就难以度量这些企业的数据资产。数据资产的统计缺失问题在大型的数据平台科技公司尤为严重。

当前对于度量数据资产主要有两个思路。一是利用数据产生的特性来度量数据资产,即数据是经济活动的副产品,因为经济活动的度量是数据生成的较好指标。虽然这种方式能够在一定程度上解决数据流量的问题，但是如何加总多年的数据流量，依然是数据存量理论上的障碍，例如对于数据资产的折旧率，学术界知之甚少。二是从数据资产的"使用价值"来度量，即通过计算数据资产对企业产出的提升，间接度量企业的数据资产。当前，这两个技术路线尚处在萌芽阶段，并没有在研究或实践中得到广泛应用。

在投资理论方面，2000年之后，美国经济饱受投资不振的困扰［Gutierrez 和 Philippon（2017年）］，无形资产的兴起是否能够缓解实物资产投资疲弱的影响呢？Crouzet 和 Eberly（2018年）发现，企业无形资产投资的上升同时带来了企业成本加成的上升，这两者是互补的。简而言之，无形资产与企业成本加成共同缓解了企业实物资产投资的疲弱。

Crouzet 和 Eberly（2020年）指出，尽管基本面强劲，但2000年以来的总投资疲弱。可能的解释包括无形资产的重要性上升以及经济租不断上升的交互作用。企业正将投资转向无形资产，而非有形资产，但具有市场支配力的公司缺乏增加利润规模的动力。为证实这些猜想，他们提出了"Q+"框架，在新古典投资模型的基础上加入了由市场支配力带来的经济租和无形资产，来测算这两个变量对投资缺口（实物投资与估值之间日益扩大的差异）的贡献度。

他们的研究表明，在用狭义的衡量方式来计量无形资产（只计量研发资本支出）的情况下，无形资产存量的增长和由无形资产产生的经济租总量可占到总投资缺口的1/3（见图2.9）。根据 Eisfeldt 和 Papanikolaou（2013年）的研究，如果将无形资产的计量扩展到包括公司的组织资本存量时，无形资产的贡献度将提高到2/3左右（见图2.10）。

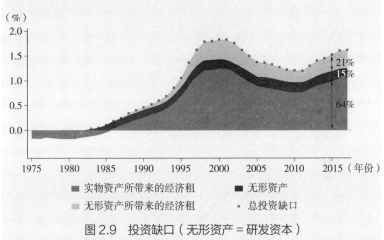

图2.9　投资缺口（无形资产＝研发资本）

资料来源：Crouzet 和 Eberly（2020年）。

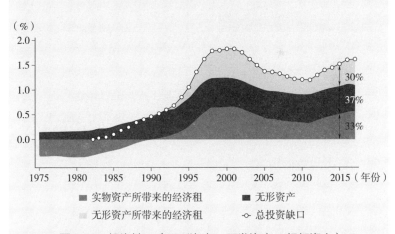

图2.10　投资缺口（无形资产＝研发资本＋组织资本）

资料来源：Crouzet 和 Eberly（2020年）。

从特定行业的公司的投资缺口来看，不同行业的差别很大。Crouzet 和 Eberly（2020年）指出，2000年以来，快速增长的行业如医疗保健和高科技行业,投资缺口一直在迅速扩大,这两个行业的主要驱动力是由无形资产带来的经济租(只计量研发支出)。相比之下,制造业投资缺口很小,经济租和无形资产都在下降。在消费部门,结果取决于无形资产存量的计量方法,当计量中包括组织资本时,大部分缺口是该部门对无形资产大量投资的直接影响,经济租对实物资产或无形资产的影响偏小(见图2.11)。

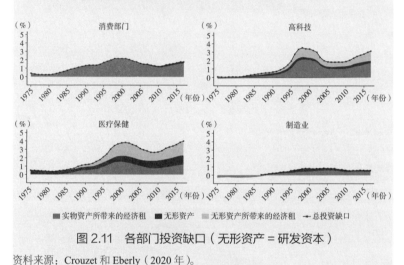

图2.11 各部门投资缺口(无形资产=研发资本)

资料来源:Crouzet和Eberly(2020年)。

第四节　数字经济与开放经济

全球数字化发展也对国际贸易产生了深远影响,其不仅降低了贸易成本,而且提升了全球经济的相互联系,为国际贸易带来了新机遇。

以语言障碍为例,根据 Brynjolfsson 等人(2018 年)的研究,易贝网(eBay)的机器翻译系统能够减少语言相关的交易成本,显著促进国际贸易,受此影响,在该平台上美国对使用西班牙语的拉丁美洲国家的出口量提高了 17.5%。针对地理上的障碍,数字化的产品服务也可以使贸易变得容易。由于数据和数字产品的运输成本与传统产品存在本质差异,对落后国家来说,移动设备以及数据基础设施的成本远低于道路运输、海上运输和航空运输的成本。所以,地理上较为偏远的国家可以通过发展数字产品和服务的人力资本,克服地理障碍和基础设施的差距,进而获得新的发展机会。

数字化不仅促进了全球商品和服务贸易的规模扩张,增加了国际贸易中服务增加值的占比。OECD 增加值贸易(TiVA)数据显示,全球出口总额中服务增加值占比超过一半,制造业产品出口额中服务增加值占比超过 30%,服务已经深深嵌入国际贸易制成品中。

此外,数字经济还催生了新的贸易范式——数字贸易。由于数据和数字技术在国际贸易中变得越来越重要,国际社会对数字贸易的讨论不断深入。虽然目前尚未对数字贸易形成统一定义，但从不同定义中可以看出，大家所关注的数字贸易的范围在不断扩大。OECD最早把数字贸易直接定义为建立在数据流动上的贸易。在欧洲议会2020年报告中，数字贸易则被广义地归纳为四类：第一类，通过电子方式生产、分销、推广、销售或交付商品和服务；第二类，在传统方式下，数字商品（包括具体产品和服务）的销售和/或运输；第三类，服务贸易范畴内的信息传输或储存；第四类，不分是否有偿的跨境数据流动。

国家间愈加紧密的数字联系使如何治理跨境数据流动成为国家间贸易摩擦的重要原因。跨国数字贸易的规则成为近年来国际贸易谈判的焦点。

然而，数字贸易问题异常复杂，这不是一个纯粹的经济问题，它还与国家安全、知识产权保护以及消费者保护等议题相关联。即使仅从税收层面考虑数字贸易政策，它与传统贸易政策在目标与手段上也存在区别。

第五节　数字经济的微观主体及特征

作为数字经济时代最典型的商业模式和组织形式,以谷歌(Google)、Meta(原Facebook)、亚马逊(Amazon)、阿里巴巴和腾讯等为代表的平台企业,连接供需两方或多方,减少双边或多边的信息不对称,交易成本显著下降,由此带来效率提升。

事实上,自20世纪90年代Windows操作系统兴起,学术界已经对平台生态系统产生了浓厚的兴趣。平台的种类繁多,主要有三种类型。

第一种类型是产品开发平台,又称内部平台(Gawer,2009年),这种平台是指在模块上稍做修改就能开发出新产品的基础设施。第二种类型基于战略创新平台角度,Hefele(2016年)认为这是一种"外部平台",通常由一个或多个公司开发,并作为其他公司可以建立互补产品、服务或技术的基础,谷歌的Tensor Flow平台就是其中一种。第三种类型的研究对象从产业经济的角度切入,更多是从市场或网络的维度去理解平台,尤其关注平台的交互功能。这类平台多为当今科技巨头所拥有的平台,如Meta、亚马逊、爱彼迎(Airbnb)等。本节主要探讨第三类平台,主流的研究是从双边市场展开的。

与古典经济学中的单边市场不同,双边市场将两个不同但相互依赖的客户群集合在一起。他们通过连接这些客户创造了中介价值,并从各方收取适当的费用(或提供补贴)使交易双方保留在平台上。此外，平台需要吸引各方到平台上进行交易，这种差异使双边平台在交易过程中具有"非中立性"，即卖方不能将平台对其收取的费用完全转移给买方。此时平台存在的意义在于，其能够有效地采用交叉补贴策略，对卖方和买方施加不同的价格策略并对其产生不同影响（Tirole，2003年）。

双边平台更本质的差异在于价格结构问题，在传统经济学理论下，完全竞争市场中均衡价格等于边际成本；而对于不完全竞争的寡头市场，均衡价格满足勒纳方程，即价格和成本的差额与需求弹性成反比。但对于平台经济学而言，一个主要的结论便是：利润最大化的产品定价与边际成本并无直接关系，重要的是价格结构，而非价格水平。终端用户之间的交易量不仅取决于平台征收的总体费用水平，更取决于其市场的收费结构（Rochet 和 Tirole，2003年；Eisenmann、Parker 和 Van Alstyne，2006年）。

双边平台的更一般形式是多边平台，多边平台与双边平台在本质上没有区别，双边平台是多边平台的简化形式。举例来说，Meta 这个社交网络平台是多边平台，将用户与各种服务和应用程序供应商连接在一起（Bakos 和 Katsamakas，2008年）。多边平台将更多的利益相关方纳入平台中，研究者往往先从双边平台入手，然后把研究规律推广到多边平台（Rochet 和 Tirole，2003年）。

平台经济的蓬勃发展是多重因素共同推动的结果，但归根结底离不开交互、基础设施、数据这三种核心要素，三者间的关系是层层递进的，奠定了数字经济的微观经济学逻辑。

第一种核心要素是交互。既可以是商品的交互，也可以是数据的交互、信息的交互，它并非平台经济所独有。在信息时代，平台上的各参与方的身份是多重的,既可以是买方,也可以是卖方。此外,平台上还有需求协调者,比如软件平台、操作系统和支付体系等。它们既不进行交易,也不买卖信息,但协调了用户的需求以避免重复劳动而增加额外成本(David,2003年)。

第二种核心要素是基础设施,包括计算机、移动电话、云端服务器等信息通信设备、相关软件及服务协议。在平台上,数据及元数据(Metadata)可以被编码,并通过部署算法来处理数据点之间的关系;同时使用协议来配置数据、软件、硬件之间的无形联系。因此,平台也可以视为代码和商业的特殊结合。当平台有了牢固的可模块化的基础设施,此时平台的可塑性和延展性也会得到增强,这也可以解释为何平台天然具有非常强的创新能力(Teece,2018年)。

第三种核心要素是数据。有人说,"数据是信息时代的石油",实际上在重要性和价值上,数据和石油可以并驾齐驱。但两者仍然有细微差别。一方面,石油是消耗品,而数据可以重复使用;另一方面,石油强调"所有权",数据更侧重于"接触权"(Hal Varian,2017年)。作为信息时代的关键生产要素,数据的产生与流动衍生出新的价值网络。因此,对数据的"接触权"或"使用权"是平台通向扩张的"入场券"。虽然数据的储存、运输成本都非常低,但数据被处理成信息后能带来可观的价值。

国际清算银行(BIS)的研究报告也指出,数据分析(Data Analytics)、网络外部性(Network Externalities)和相互交织的活动(Interwoven Activities)这三者(简称"DNA")构成了科技巨头平台商业模式的关键特征。用户作为平台的一方(如电商平台上的销售者),参与的益处随着另一方的用户数量(如购买者）的增加而增加。网络外部性为用户产生了更多用户和更多的价值。与此同时，更多用户带来了更多的数据。对数据的分析既能增强现有服务的质量，又能吸引更多用户。这一"相互交织"的过程彼此促进，彼此增强。

第六节 数字经济的微观市场结构及竞争

范围经济是平台和平台企业的典型特征。在数字经济模式下，企业商业版图的扩展不再被局限于一个特定的行业或者是行业上下游的产业链，平台企业借助其聚集的人与完备的信息化基础设施以及充足的数据，可以轻松地拓展其商业边界。可以说，数字革命几乎废除了旧的产业边界（Teece，2018年）。

在数字经济时代，科技巨头和平台的垄断现象正越发受到政策制定者和普罗大众的关注。平台企业的范围经济特征造成常见的"赢家通吃"现象，进而引发少数平台企业长期维持着"赢家通吃"的地位，对良性市场竞争和消费者福利产生伤害。

一些最新的实证研究显示，随着平台经济的崛起，全球范围内都出现了市场集中度上升的趋势。IMF使用利润、盈利能力以及集中度这三个指标，发现全球范围内呈现出市场支配力的上升趋势。从具体指标看，2000—2015年，全球企业利润上升约6%，盈利能力上升约20%，集中度上升约2.5%（见图2.12）。从国家分布来看，发达经济体市场支配力上升约7.7%；新兴经济体（以中欧和东欧为主）市场支配力仅上升1.8%。在发达经济体中，以美国市场支配力上升幅度最大，为发达经济体平均水平的两倍。从行业分布来看，市场支配力上升主要集中在非制造业行业，尤其是数字技术密集行业。

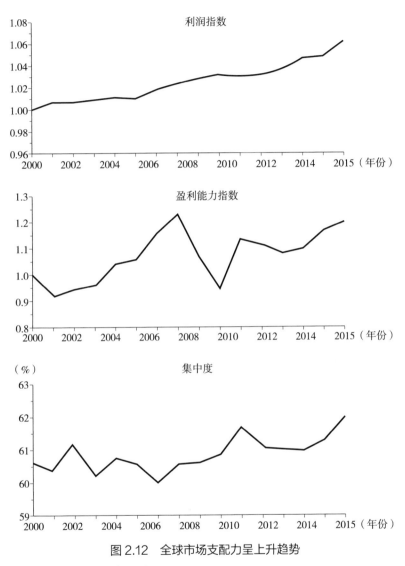

图 2.12 全球市场支配力呈上升趋势

资料来源：IMF WEO（2019）。

这种变化导致市场越来越倾向于"赢家通吃"，往往这种情况还是全球化的。市场的集中度和范围经济使平台企业可以获取经济租。同时，市场的进入壁垒也越来越高。主要原因有五点：一是规模带来的低成本，使其他企业难以竞争；二是网络效应使现有产品难以替代，这也使竞争对手难以获取用户支持；三是数字化对于数据的依赖以及隐性知识的使用会在一定程度上阻碍技术从领先企业向落后企业扩散，进而偏向规模较大、生产效率更高的企业；四是平台企业可以通过收购初创企业维持领先优势；五是平台企业可以通过设定行业技术标准等手段增加市场进入壁垒，减少用户的流动性。

第三章

发展数字经济的政策组合

数字经济时代已经到来。数字经济的发展不仅给这个时代带来了巨大的发展机遇，也对经济政策制定提出了全新的挑战，即如何促进数字经济的包容性发展。

本章聚焦促进数字经济发展的政策组合，涵盖数字政府和产业的创新政策、数据市场政策、劳动力市场和人力资本政策以及开放政策，试图回答何种政策工具和组合能更好地促进数字经济发展这一核心问题。

第一节　数字经济政策框架与维度

为推动数字经济的包容性发展，各国纷纷加快制定政策措施及战略规划。但设计和实施适合数字时代的政策是一项复杂的挑战，OECD在《2020年数字经济展望》中提出了数字经济政策框架，以期能够帮助世界各国更好地发展具备包容性的数字经济。

该政策框架包括七个相关的政策维度，分别为：获取（Access）、使用（Use）、创新（Innovation）、工作（Jobs）、社会（Society）、信任（Trust）和市场开放度（Market Openness）。在每个政策维度中包括多个领域的政策工具，需要政策制定者全面协调，才能使数字化转型促进经济增长并增加社会福祉（见图3.1）。

图3.1　数字经济的政策维度

资料来源：OECD。

第一，获取。通信基础设施和通信服务是数字技术的基石，其促进了人与人、组织和机器之间的交互。为了推动数字技术的发展，政策制定者可以通过简化投资许可、取消外国投资限制等手段促进对通信基础设施的投资，这包括宽带、5G等基础设施。

此外，数据已经成为数字时代的重要资源，是数字经济发展的驱动力，此时增强数据访问与共享变得更为重要。这将促进数据的创新使用，并刺激经济增长使整个社会获益，同时要注意隐私保护和数据安全问题。政府与私人企业在平衡利益与风险以后，可以考虑通过合同、受限的数据共享安排等形式增强数据访问和分享。

第二，使用。数字技术的有效使用不仅可以促进个体融入社会，还可以提高个体的劳动生产率。因此，各国可以通过货币支持等激励措施，加强公共部门和企业对ICT与相关人力资源的投资，以此促进数字工具的普及与使用。尽管新技术的使用可能使部分企业退出市场，但这种结构性变化能使经济的商业活力显著改善。不过，现行政策可能会在某种程度上影响竞争力与业务活力，这需要重新考虑现行劳动力市场法规、就业保护等制度是否适宜。

此外，对数字技术的不信任也可能成为数字科技使用和传播的主要障碍，特别是关乎数字安全、个人隐私相关的问题。这可以通过提高线上参与度并增强个体企业管理数字风险的能力等政策来解决。

第三，创新。数字创新是数字化转型的根本驱动力，其不仅带来了新产品和服务，也创造了新的商业模式和市场，从而提升了整个经济的生产效率。然而，初创企业可能面对更高的监管负担，这不利于行业的良性竞争，高监管负担可能会导致只有大型公司才能承担相应的成本，从而减少数字化新业务模式的出现。初创企业还需要一定的资金支持，可以通过风险资本、债务与股权融资结合的形式提供。

此外，数字创新还依赖基础科学研究，公共部门需要对相关研究提供必要支持，并在一定程度上开放政府数据，从而刺激经济活动创新。针对新商业模式，可以通过"沙盒"机制纳入监管，在灵活的监管规则下，保证消费者应有的权利。

第四，工作。数字技术将重塑劳动力市场，这会产生新的工作岗位，也会有一些工作岗位因此消失。这就需要新的劳动市场法规与之相匹配，包括就业保护、最低工资、工作时间和保障职业健康等相关立法（OECD，2019年）。数字化可能增加非标准形式的工作比例，这些人同样需要工作和收入方面的法律保障，包括同工同酬、工作福利等议题。政府还需要扩展或调整税收与福利制度，确保所有工人都能得到最低收入保障，并将各种收入来源纳入税收体系，防止社会保障体系失灵。

此外，面对数字化转型，雇员也需要相应的技能来应对工作变化，需要相应的培训机构进行计算、ICT 通用技能的培训。仅仅依靠公共部门投资显然是不足的，需要政府调动私人部门一起参与。

第五，社会。数字化转型以复杂的方式影响着社会，一方面让生活更加便捷，另一方面会产生负面影响，包括个体孤立、网瘾等负面问题滋生，甚至会产生数字鸿沟（如性别、技能）等一系列问题。因此，需要政府出台数字战略，促进社会公民参与帮助解决网瘾、网络欺凌等社会问题。此外，还需要特定的社会政策解决一系列数字鸿沟问题,如针对地区发展不均衡的政策以解决地理鸿沟。更重要的是有配套的税收与福利等再分配政策,以确保人人跟得上时代发展的步伐。

第六,信任。数字经济带来了数字安全、信息不对称等新挑战,可能在隐私、消费者保护、产品安全等领域出现违反现行法规的情形,政府需要尽可能地减轻在这些领域的不确定性以确保可信任的环境,这对数字化转型至关重要。

其中隐私被认为是影响信任的关键因素,特别是个人数据保护。可以在设计产品或服务之初就采用"设计私密性"来增加信任度。即便如此,政府仍然需要国家层面的数据隐私战略,增强收集个人数据目的透明性,并且提升用户控制其数据的能力,战略的制定不仅应当平衡个人与集体的利益,还需要考虑国家间的互操作性。

诚然,没有绝对安全的数字环境,企业、其他组织和个人需要承担一定的数字安全风险,此时恰当的安全标准(如ISO27000系列)可以减少安全事件的风险,来增强企业业务弹性并保持连续性。

第七,市场开放度。数字技术正在改变企业竞争、交易和投资的环境,政府可以通过创建友好的营商环境、开放市场以促进数字化转型蓬勃发展。这包括降低国际贸易成本,促进全球价值链的协调,连接更多的企业与消费者;开放金融市场,以促进竞争,并增加金融公司透明度,从而更有效地将财务资源分配给数字化转型公司;开放市场准入,消费者能以更低廉的价格获取多种类的商品与服务。

此外,数字化转型也对税收产生了广泛影响,影响各国税收政策与税收的行政管理,在 OECD/G20 税基侵蚀与利润转移（Base Erosion and Profit Shifting,BEPS）项目中提出"利润与潜在经济活动和价值创造保持一致"这一原则,来解决全球税制的新挑战。但未来仍需要持续推进国际化合作,确保税制改革达成全球共识并且符合数字时代的需要。

第二节　数字基础设施和数字政府

一、数字基础设施

通信基础设施是支持采用和使用数字技术的基础。宽带已成为一种模块化通用技术，支持各种流量类型、应用程序和设备，包括云计算和物联网等变革性技术。Andrews、Nicoletti 和 Timiliotis（2018 年）的跨国经验研究发现，高速宽带普及率与数字技术的采用率之间存在显著的正相关关系。未来的数字经济将建立在无处不在的宽带部署之上，这不仅有关数字经济的效率，而且也确保了所有人的公平竞争环境。例如，西班牙的新数字战略"数字西班牙 2025"的主要目标之一是确保到 2025 年为所有人提供速度为 100Mbps 或更高的高质量宽带连接。

移动宽带用户的数量在过去十年间呈现高速增长的态势，其增长速度远远超过了城市居民增长的速度。最近几年，5G 网络的部署正在如火如荼地进行，新的商业应用案例也正在不断涌现。由于光纤网络能够将移动流量分流到固定网络之中，广泛的光纤网络将极大地促进 5G 网络的部署。例如，大约有 60% 的智能手机等设备通过 Wi-Fi 使用固定网络上传和下载数据。高效的频谱管理对 5G 无线网络的发展也至关重要。

互联网的渗透率极大地依赖先进的宽带网络，高效率的数字基础设施能够促使互联网用户从事更多且相对更复杂的活动，如网上购物、电子银行和使用政府服务等。居民互联网活动的渗透率取决于各种因素,比如,居民的 ICT 技能、对数字安全的信任以及数字服务的可用性与可得性。高质量通信基础设施的发展为数字服务的可得性提供了坚实的基础。

通信行业的竞争可以对通信基础设施投资和定价决策产生积极影响,并可以提高宽带服务的整体质量和速度。降低进入通信市场门槛,能有效促进光纤网络的扩展。如果通信运营商在每个细分市场都拥有相当大的市场支配力量,则应当采用适当的规制。例如,要求具有强大市场支配力量的通信运营商向他人提供基础设施的使用权,并对相关产品的价格进行监管。基础设施共享(如光纤、管道和桅杆)是促进电信市场竞争的一种方式,特别是在市场以寡头垄断为特征的情况下。基础设施共享有助于增加更接近最终用户的光纤网络的部署。共同投资安排,即两个或更多运营商共同投资网络部署,可以增加竞争和覆盖范围。

2021 年欧盟委员会发布"2030 数字罗盘"计划,提出了到 2030 年欧洲数字化转型的愿景和途径。在这份战略中,欧盟提出建设安全和可持续使用的数字基础设施,包括:保障人人享有千兆网络,实现 5G 全覆盖;欧盟尖端半导体在全球产量中的份额翻一番;建立 10 000 个气候中立的高度安全边缘节点;制造第一台具有量子加速的计算机等。

人工智能战略也可以为数字经济的发展提供帮助,它旨在促进人工智能在公共机构和国家战略任务中的使用。其支柱是促进人工智能的科学研究、技术开发和创新,培养数字技能,吸引国际人才,开发为人工智能提供支持网络的数据平台和技术基础设施,将人工智能融入价值链以转变经济结构,建立道德和监管框架，保障个人和集体权利。

二、数字政府

为了整个经济和社会能够实现数字化转型，政府需要自己先实现数字化。政府可以将现有流程数字化并在线提供公共服务，而消费者和企业也将越来越熟悉新的数字通信模式。

随着政策制定者和公务员越来越依赖人工智能和算法治理，机构面临的核心挑战是如何产生必要的技术能力——识别、开发、负责任地使用和维护复杂技术解决方案的能力。政府与监管机构不能简单地采用外包技术的默认做法，必须建立内部的数字能力，这对于实现算法治理的承诺并降低其风险至关重要。

政府能力建设以往通常归结为"制造或购买"的决定。政府机构可以通过雇用人员和建立自己的基础设施来制造执行治理任务所需的商品和服务，也可以通过采购流程购买它们。理论上，私营部门拥有更多的专业知识，可以以更低的成本生产。然而，在实践中，采购也存在缺点。对于"硬"的商品和服务，质量很容易衡量，任务几乎不涉及自由裁量权，政府可以充分利用私营部门的专业知识和效率。相比之下，"软"或"定制"的服务，其质量监控更困难，任务涉及更多的自由裁量权。

政府内部的数字能力建设，主要有四个考虑因素。第一，政府机构需要投资于他们的技术和数据基础设施。在大多数情况下，这不仅需要对硬件和软件进行升级，还需要收集和保护部署人工智能工具所需的数据。第二，政府机构需要培养内部人力资本，以生产不仅在技术层面可用而且在法律和政策层面合规的人工智能工具。第三，政府机构需要制订全面而灵活的人工智能战略，促使其能够从失败中战略性地学习和发展。对于开发人工智能工具的机构来说，这意味着需要创建具有明确成功指标的迭代开发和评估流程。对于监管私营部门人工智能的机构，这些策略可能包括监管"沙箱"，以制定和执行标准，不仅适用于目前的应用程序，也适用于未来的应用程序。第四，内部设计和部署可以增强公共问责制的透明度。

由于人工智能工具需要复杂的软件包和计算能力来处理大型数据集，所以机构可能不得不升级旧系统或将新系统与旧系统集成，这是对政府机构的一大挑战。所有人工智能工具（无论是有监督的，还是无监督的）都需要大量数据，因此，机构还必须投资于必要的输入数据。投资数据容量需要应对数据收集、数据标准化和数据安全等相互关联的挑战。

机构的人工智能工具必须既可用又合规。至于可用性，最佳设计和部署通常取决于以下三点：一是深刻理解算法工具试图解决的问题；二是说服持怀疑态度的政府机构工作人员使用该工具；三是简化这种宣传的用户友好界面。软件工程师，尤其是政府机构以外的工程师，可能缺乏将法律忠实地转化为代码所需的洞察力或培训。虽然政府内部研发人工智能算法可能会使预算变得紧张并带来一定的人才招聘挑战，但培养内部员工能力可能会产生更适合相关任务和法律要求的人工智能工具。加强政府机构内部的专业知识和数字技术能力，对于问责制和信任的建立也是必不可少的。

第三节　产业政策

长期以来,产业政策一直存在争议。产业政策往往具有特定的指向性,一般是针对市场失灵。数字经济中的产业政策亦是如此。

通常情况下,政府可以采用两大类干预措施来纠正市场失灵。一是非针对性的产业政策,其不会试图在经济中选择赢家和输家,而是使用技术中立政策,例如研发税收抵免类的政策。二是针对性的产业政策,即指针对特定部门、技术甚至公司的政策。

产业政策可以通过基础设施共享、信息的非正式共享以及"干中学"①效应创造经济集聚。不过,国家产业政策对数字经济的支持不仅仅是为了建立产业集群,有时候也是为了避免失去产业集群。产业政策之所以能够促进数字经济企业集聚的一个重要原因是知识的溢出效应。公共部门的基础研究和应用研究为私营部门提供支持,公共研究产生显性知识,这是一种通过国际会议、科学出版物、开源计划和专利在世界范围内传播和可用的全球公共产品,以及嵌入在知识中的隐性知识。这种隐性知识与有限的流动性(往往通过社交网络、家庭和同事之间的交流进行传播)相结合,意味着更高的公共研究的溢出效应。美国国防部高

---

① "干中学",是指人们在生产产品与提供服务的同时也在积累经验,从经验中获得知识。从而有助于提高生产效率和知识总量的增加。

级研究计划局（DARPA）、美国国立卫生研究院（NIH）和美国国家科学基金会（NSF）的工作所产生的许多突破性技术使硅谷和许多美国工业受益良多。

在数字经济时代，产业政策的实施需要良好的设计，否则很可能出现负面效果。诺贝尔经济学奖得主让·梯若尔于2017年就数字经济下的成功产业政策的设计与实施提出了八项建议。

- 识别市场失灵，设计合适的政策。
- 使用独立的高级专家来选择公共资金的项目和接受方。
- 更多关注供给侧，即人才供给以及数字基础设施，而不是仅仅关注需求侧。
- 采用竞争中立的政策。
- 在制定政策时，不要预先判断解决方案而是先定义目标。
- 事后评估，传播结果，并在每个项目中加入"日落条款"，即在评估负面的情况下果断强制关闭。
- 让私营部门参与风险承担，以避免产业政策对大而无当的冗余企业甚至是僵尸企业的支持。
- 加强与大学的联系，使它们更接近初创世界。大学是创新的来源之一，但是大学的研究者往往与数字经济的创新有一定程度的脱节，加强大学与创新企业的联系，有助于促进数字产业的发展。

在产业政策中有一个非常重要但往往遭到忽视的环节就是劳动力市场。由于大量的数字科技初创企业注定会失败，即使这些企业没有失败，企业家及其合作者也可能会寻找新的挑战，建立新的企业,所以在通过产业政策创建高科技集群时,必须重视劳动力市场弹性的重要性,要允许有创造力的个人在不同企业之间灵活流动。

第四节　创新政策

在数字经济时代,创新的重要性是不言而喻的。创新推动了前沿技术的研发,创造了就业机会,推进了生产力和社会持续发展。数字创新是数字化转型的基本驱动力,受此影响,人们互动、创造、生产和消费的方式发生了根本性变化。数字创新不仅会产生新颖的产品和服务,还会为新的商业模式和市场创造机会,并且可以提高公共部门及其他领域的效率。数字技术和数据还推动了广泛领域的创新,包括教育、卫生、金融、交通、能源、农业、渔业和制造业,以及信息与通信技术领域本身。

作为数字创新领域的重要组成部分,初创企业创造了与其规模不成比例的就业机会,并支撑了整个经济领域更广泛的增长。随着资源从效率低下的落后企业流向规模较小、充满活力的企业,刺激资源在企业间的再分配可以提升部门的整体生产力,进而推动整体经济更快地增长。

尤为重要的是,初创企业可以推动数字科技创新。在 ICT 这样的数字密集型行业中,初创企业的比例远远高于其他行业,这些企业往往更具活力和创新性。数字密集型行业的初创企业进入率较高,当然初创企业失败且退出比例也较高。初创企业能够推动创新的部分原因是它们在新技术商业化方面发挥着重要作用,并且通常能够促进其行业中的重大创新,有时甚至是破坏性创新。初创企业通常也更适合将研究组织产生的知识商业化,从而在整个经济中实现更广泛的知识传播。由于不会受到"组织惯性"影响，初创企业更有能力对业务流程和知识资本进行补充投资，包括软件、研发、组织资本和培训，这些都是利用数字化转型所需的。

鼓励初创企业的建立是创新政策的一大目标。实现这个目标的首要出发点在于，关注企业家开创新型企业、开设创新业务的结构性因素。数字化经济中的市场集中度是创新的一大障碍。在数字化程度相对较高的行业，大型公司对初创企业的收购显著增加。例如，数据处理和软件出版行业在2005—2016年对数据处理初创企业的收购大幅增加，其中前1%的收购方占2016年总交易额的70%左右。监管政策可以限制或抑制创新的收购，这对推动整个经济体的竞争、创新和技术扩散至关重要。

OECD最近一项关于纵向监管、数字化和竞争之间关系的调查发现，OECD国家有92项法规对竞争产生了不利影响（OECD，2018年）。纵向监管政策往往被用来限制特定行业数字竞争者进入市场，这种限制初创企业进入的政策对整个行业的创新、生产力和增长产生潜在负面影响。因此，重新审视并取消对初创企业进入的过度限制与不当监管是促进创新政策的重要一环。

数字行业的初创企业面临着特别不确定的未来。只有大约5%的初创企业通常会成长和创新，对于初创企业而言，能否获得融资，在改善其创建后的生产率，以及在更广泛的经济中扩大和传播其生产力优势等方面，显得尤为重要。然而，许多中小型企业抵押品不足，特别是数字行业的初创企业，其商业模式依赖于在企业退出时可能难以估值或清算的无形资产。再加上数字行业的高风险状况，数字行业的初创企业往往无法获得基于资产的融资和传统债务的融资。因此，通过各种政策增加科技企业创新的资金与激励是创新政策的另外一个关键点。政府可以通过各种税收优惠甚至直接的创新补贴解决初创企业资金不足的问题。

对企业创新的资金支持可以缓解企业尤其是中小企业的金融约束，从而鼓励企业开展研发活动。总体而言，中国的民营企业，尤其是中小民营企业，面临着难以有效开展研发的金融约束。由于股票投资者对无形资产的重视程度高于银行债权人，股权融资是研发投资的重要决定因素，但是中小民营企业在进入股票融资市场时，存在系统性的制度障碍。在获取银行融资方面，中小民营企业也同样面临着不小的障碍。因此，政府公共资金对中小企业的研发进行资金支持，有利于缓解企业的融资约束，从而推动企业的研发活动。

除了直接的公共资金支持，政府可以使用研发税收优惠类的政策激励企业更多地进行数字科技的研发活动，针对企业的研发活动给予税收优惠也是一种行之有效的政策。实证研究（OECD，2020年）发现，研发税收抵免在促进私人研发支出方面是有效的。

由中央和地区各级政府直接资助企业研发，可以更有针对性地用于特定的政策目的。在公共机构中，由政府出资建立的各类公共实验室以及技术发展中心在对企业的非税收支持方面是最大的。与贷款相比，研发资助原则上更适合初创企业，因为初创企业缺乏有形的抵押物，往往缺乏由银行获得研发贷款的能力。研发拨款应接受严格的评估，以便将其用于具有高增长潜力的企业。在授予研发资助和贷款时，公共机构评估项目需要考虑研发项目的质量、企业承担这些项目的能力，包括人力资源和过去的表现等。此外，公共资助的研发项目的绩效评估需要以严格的方法实施。

股权融资是高风险企业的一种传统机制。最近的研究发现，股权融资是支持OECD国家初创企业获得融资的最受欢迎的方式。风险投资家可以利用股权融资来弥合初创企业的融资缺口，因为初创企业通常缺乏内部资金和往绩记录，无法向投资者表明其能力。然而，与债务融资相比，公司税制通常对股权和其他形式的融资不太优惠。研究表明，风险资本可用性的跨国差异与技术传播速度有显著的正相关关系（Saia、Andrews和Albrizio，2015年）。实证研究还发现，多达50%的风险投资支持的初创企业获得某种形式的政府支持，通常是通过"基金的基金"，但有时也通过政府对风险投资基金的直接所有权。虽然风险投资仅涉及不超过1%的公司，但数字科技部门的风险投资在数据可用的国家之间差异很大。相关报告显示，美国不仅风险投资总额最大，而且在数字科技领域也是如此。与美国相比，中国的风险股权投资市场发育还不成熟，因此，政府需要加快建立多层次的股票市场，促进风险投资行业的发展。

数字创新依赖于不断建立新的知识库，而科学技术的基础研究对于数字创新也至关重要。支持大学和其他机构开展基础研究有助于播下未来创新的种子。事实上，基础研究已经成为推动当前数字化转型阶段的大多数通用技术的基础。公共部门在支持此类研究方面发挥着重要作用，因为私营部门通常不愿意投资于成本高且回报不确定的项目。一些最早的数字技术，如互联网、全球定位系统（GPS）和语音识别技术，都是广泛的公共研发努力的结果。

公共研发还有助于推动研究以外的创新。例如，政府在帮助中小企业了解并最终采用新兴技术方面发挥着重要作用。大学、企业和政府之间的伙伴关系还可以为初创企业提供技术、设备和初始资金来测试和扩展新技术，帮助初创企业更有可能吸引风险投资。公私合作伙伴关系通过共享数字创新的风险和回报刺激创新。在先进生产的许多领域，商业部门的创新与科学体系密切相关。很少有个别公司——即使是规模很大的公司能够拥有单独推进知识前沿所需的全部资源。基于这一现实，产生了旨在传播尖端科学与创新的日益复杂的公私合作伙伴关系。

公共研究机构与企业通过共享数字创新的风险和回报，建立研发的伙伴关系来刺激创新。在数字时代，这种伙伴关系显得越发重要，因为关于数字技术的大量知识无法轻易传播，并且需要对每个特定应用进行重大调整。这种伙伴关系对于缺乏必要设备和熟练技术人员的小型企业尤为重要，并且与合作伙伴的合作被有效地发现对于产生新的商业模式和产品具有重要意义。地方政府可以建立区域性的技术平台，促进企业和研究中心之间的伙伴关系，解决中小企业的数字科技吸收能力缺乏的问题。

第五节　数据市场政策

在数字经济时代，数据占据了核心的地位，如何建立有效的数据市场成为数字经济时代的一道难题。在本节中，我们将重点关注与竞争和发展有关的数据市场政策，有关隐私保护和数据交易共享等方面更详细的探讨将在后续章节展开。

数字经济时代创新的特点是其越来越多地受到海量数据的收集、处理和分析的驱动。数字技术将越来越多的人、企业和事物联系起来。每个人际交互与交易都会产生各种数据和元数据，这些数据通常可以被低成本地存储，并且从数据中获取有洞察力的人工智能工具，可得性也日益增强。海量数据与人工智能算法的结合显著改进了产品、流程、组织方法，即大家常说的"数据驱动的创新"。越来越多的政策制定者和统计机构已经认识到数据和数据分析作为创新来源的重要性。

数字创新的机会不仅仅局限于私营部门。公共部门是数据最密集的部门之一。由于公共部门既生产又消费大量数据，政府利用数字技术进行创新的潜力巨大。公共部门为推动创新可以做的最重要的事情之一，就是加强对公共部门数据的访问。开放政府数据的努力包括免费提供使用公共资金收集的信息，并且以通用格式提供，以便其他个人和机构可以轻松查询。开放政府数据的政策不仅能使政府的透明度提升，还可以增加公民信任度，而且在数据成为创新基础的数字经济社会中也具有特别重要的意义。

企业可以从开放的政府数据中获益良多。更开放的数据访问可以减少信息不对称，从而消除竞争优势效应带来的负面作用，企业可以在更加公平的竞争环境中进行生产、创新和竞争。开放政府数据还可以促进初创企业的发展，例如伦敦交通模式开放市政数据的创新使用促进了创新型初创企业的发展，包括将公开收集的数据与其他来源混合，进行多模式分析。开放政府数据最常遇到的挑战是制度和组织，而非技术限制，公共部门对变革的抵制，可能会限制数字创新的潜力。因此，在数字经济时代，需要采取政府通盘考虑的政策制定方法，建立一个能够跨越"数据孤岛"的连贯政策框架。

第一个有关数据市场政策的辩论源于谁应该拥有数据。当前数字经济的数据权属问题，实际上是由无处不在的所谓"数据服务"所引起的。我们所享受的免费电子邮件、搜索、视频、社交网络、地图和其他数字服务，实际上都是我们提供给数字平台的数据。反过来，这些数字平台销售有针对性的广告或使用数据来提供新服务，从而来获取利润，例如，通过客户数据产生推荐或开发自动驾驶汽车、无人机送货、医疗诊断和治疗。当前，社会与政府对这种模式越来越不满意，但还没有出现免费服务的直接替代方案。

目前，在理论界与政策界出现了一些政策建议。

一是对数据收集进行规制，仅仅允许必要的数据收集。例如，基于用户正在查看或搜索的内容，只允许上下文广告的收集。这种监管思路的问题在于，严格的隐私保护是否会妨碍数字平台的功能，例如糟糕的产品推荐或非个性化的广告。无论如何，当缺乏一定的数据时，平台将失去目前主要的收入来源，那么未来数字平台企业可能必须要对其提供的服务进行定价，从而改变现有的"免费服务"的现状。

二是通过小额支付补偿用户。在这种方案中，数字平台仍将拥有其收集的数据，但将以现金而非实物形式向用户付款。不过，现金支付方案存在现实的障碍。核心的问题是数据如何定价：用户不知道他们的数据对于企业的价值，以及当数据为平台所用时对自身所带来的成本。通过小额支付补偿用户的解决方案，可能需要一个可信的中介来保证公司数据的质量，并代表消费者为这些数据提取价值。然而，这会在数据交易系统中额外增加一层，从而大大降低数据交易的效率。

三是数据许可和数据信托。数据是最终的公共产品，应该在潜在用户之间共享，这是一个普遍且合理的观点。然而，除非法律宣布数据是必不可少的基础设施，否则强迫谷歌、苹果（Apple）、阿里巴巴或腾讯无偿共享他们的数据，可能相当于没收他们的投资，并可能在法律上引起极大的争议。因此，有些经济学家提议通过许可制度共享数据，在该制度中，数据所有者将在公平、合理和非歧视性的基础上获得报酬。向数据所有者支付费用，在概念上似乎是合理的，但会出现许多实际问题，例如以这种方式获得许可的数据的性质和格式或价格如何确定。任何熟悉专利许可系统的人都能了解许可证制度确定价格的复杂性，知悉数据内容的信息不对称程度甚至比理解专利许可确切提供的内容还要错综复杂。一种可能性是让数据使用机构创建自己的数据信托。但是到目前为止，大多数现有数据信托都是由受监管行业（例如，移动通信与能源行业）的监管当局所发起的。

四是构建以消费者为中心的数据交易框架。许多经济学家建议，让消费者控制自己的数据存储和访问。但这一政策框架也面临着巨大的挑战。数据的一大用途是创建一个大数据集，在此基础上，企业能够创建更好的人工智能算法。在大数据中，个人数据的边际价值接近于零，但为了分析目的，整体收集的大数据具有很大价值，这就引发了数据的市场定价问题，即消费者数据的边际价值远远低于其平均价值。

第二个有关数据市场政策的辩论源于数据是否会成为新企业提供新服务的进入壁垒，应当如何建立合理的数据市场政策以防止数据成为进入壁垒。

当今世界，毫无疑问，谷歌和 Meta 等科技巨头可以访问其他人无法获得的异常庞大的数据集，因此他们在搜索广告和展示广告上占据了主导地位。一些经济学家认为，由于数据量的收益递减，数据并不能成为进入壁垒。他们的基本论点基于大数定律，不过其他经济学家反对这一论点，理由是，虽然大数定律确实适用于给定的用途，但新的和更复杂的用途经常出现，所以大数定律失效。在数字经济中，是范围经济而不是规模经济可能在发生作用，不同的数据来源之间存在互补性。

数据还可能产生转换成本，因此，用户无法低成本地迁移到新的平台上去。换言之，如果数据传输不可行或时间成本很高，用户在平台之间切换是非常困难的。欧盟的通用数据保护条例（GDPR）基于开放标准创建了数据可移植性权利。然而，它没有定义数据移植的技术标准。与电信或开放银行标准的情况一样，建立互操作性标准是政府未来亟须建立的数据市场的政策标准。这种互操作性标准能极大地降低用户在不同平台的转移成本，降低数字平台企业的垄断能力，促进数字平台企业间的充分竞争。

数据是数字经济的核心，同时又具备容易集中并更迭迅速的特点。因此，如何判定数据市场是过度竞争还是竞争不足，数据市场能否继续促进产业创新，成为数据市场公平竞争和反垄断监管的核心挑战。日本在2017年发布的《数据与竞争政策》的调研报告中指出，需高度重视免费服务、网络效应与数据叠加在短时间造成的反竞争效果。在微软（Microsoft）并购领英（LinkedIn）的交易中，欧盟委员会重点就并购引发的数据集中效应进行了调查。

在数据市场总体政策方面，以欧盟为例，2020年出台的《数据治理条例》（Data Governance Regulation）创建了促进数据发展的流程和结构，其主要措施包括增加对数据共享的信任，以消除数据共享的主要壁垒；允许新的数据中介作为可信的数据共享组织者；促进公共部门持有的某些数据的再利用；创建公司和个人更容易、更安全地在明确的条件下，自愿将其数据用于更广泛的可获取共同利益的工具。

2022年2月，欧盟通过《数据法案》，作为对《数据治理条例》的补充，明确了谁可以从数据中获得价值，以及在什么条件下可以获得价值。总而言之，该法案采取了诸多举措，激励欧盟成员国之间的数据共享，并希望由此推动数据价值的最大化。

第六节　劳动力市场和劳工保护政策

数字经济的发展给劳动力市场带来了三大变化：一是要素相对价格的变化，尤其是"技能溢价"，即高、低技能劳动者的工资差距上升，岗位的极化；二是很多岗位会因自动化与人工智能技术的发展而消失，即技术替代人的问题；三是零工经济的问题，在平台经济发展过程中，出现了一种新的劳工关系，即零工经济，比如滴滴司机与快递员。三大变化均倾向于扩大而不是降低收入差距。因此，如何在数字经济社会发展中促进共同富裕，成为中国未来的一大挑战。

从经济学上来说，"技能溢价"体现了科技和教育的赛跑，数字技术的进步提高了对高技能劳动者的需求，扩大了收入差距，教育则能增加高技能劳动者的供给，降低收入差距。数字经济下实现共同富裕的核心在于，提供足够的高技能劳动者，在初次分配中就通过缩减"技能溢价"解决分配问题。技术替代人的问题的解决同样离不开教育，技术替代了旧有劳动者但也创造了新的就业岗位，而教育能够使劳动者更好地适应新的岗位。零工经济无法提供稳定的劳动雇佣关系与良好的职业发展路径，需要全新的制度建设来促进劳动保护与社会保障。由此可见，在数字经济时代，劳动力市场政策与教育政策密不可分。本节主要探讨劳动力市场与劳工保护政策，而在下一节，我们将重点讨论数字经济时代的教育与培训政策。

自动化的可能性在国家、地区和社会人口群体之间并不是均匀分布的，例如，许多国家在数字化创造就业机会和就业自动化方面存在重大的地域差异。这意味着数字化转型可能会加剧地区之间的不平等，因为新的工作岗位往往会出现在可能失去工作岗位的地方。利用美国数据的经验研究表明，新兴产业主要出现在高技能工人比例较高的城市地区（Berger 和 Frey，2015 年），而最容易采用机器人的地区已经出现对就业和工资的负面影响（Acemoglu 和 Restrepo，2017 年），即自动化可能性较低的地区往往拥有更高比例的受过高等教育的劳动者和更多的服务业工作岗位，并且该地区高度城市化。

参照发达国家就业创造与破坏的研究，数字化转型是 OECD 国家创造整体就业机会的贡献者。2006—2016 年，OECD 国家的总就业人数增长了 6.9%，净增加了约 3 800 万个工作岗位。虽然数字化转型摧毁了一些工作岗位，但高度数字化的行业贡献了净就业增长的 42%，即 1 600 万个工作岗位。除了直接创造就业机会外，对数字科技的投资与使用还通过提高生产力、降低产品价格和带来更高最终需求的新产品等方式，间接创造了就业机会。新的就业机会的创造与现有就业机会破坏相结合，改变了劳动力市场，政府和社会需要帮助劳动者过渡到新的工作岗位，并适应技术进步、新的组织形式和工作需要。

运作良好的劳动力市场是劳动者能够平稳地过渡到新工作的一个重要条件。OECD 就业战略就如何从三个方面改善劳动力市场运行效率提供了指引。

- 更多更好的工作。

- 具有包容性的劳动力市场。
- 劳动力市场的适应性和弹性。

劳动力市场的适应性和弹性在数字化转型的背景下尤为重要，因为它们需要企业的灵活性和工人的流动性、技能和培训投资、提供完善的最低工资和足够的社会安全网，并结合强有力的帮扶政策，对失业工人进行有针对性的支持。

在过去的二十年里，众多发达国家的劳动力市场出现了岗位极化的现象，也就是高技能（和在某种程度上的低技能）工作的就业份额增加了，而中等技能工作的就业份额下降了。这与过去十年劳动力市场对书面和口头表达、计算、推理和复杂问题解决等认知技能的需求有所增加，而对常规和身体能力的需求显著下降的发现一致。最有可能从高技能工作机会中受益的工人，尤其是在数字密集型行业，是那些具有与技术互补的技能并可以执行非常规任务的工人。展望未来，承担大部分数字化转型潜在成本的人可能是从事面临自动化工作的低技能工人，以及难以适应新的技能需求的中等技能工人。

为了确保劳动者能从数字经济的发展中受益，必须帮助劳动者成功且公平地从就业减少的岗位向就业扩大的岗位过渡。社会必须在企业的灵活性与劳动者的流动性以及工作稳定性之间取得平衡。企业家可以轻松创办或清算企业，企业也可以根据不断变化的商业条件调整劳动力，同时劳动者可以顺利地在不同企业和地方之间流动，以寻找更适合他们实现技能和职业抱负的企业。劳动力市场政策和制度在决定企业调整劳动力的灵活性、工人在企业间流动的难易程度方面发挥着关键作用。

并非所有过渡到新职业或首次在失业期后试图进入劳动力市场的工人都一定会立即找到新的工作岗位。因此，充分的社会保护对所有人，包括失业工人都能成功和公平地过渡至关重要。改善再就业前景和收入保障的起点，尤其是对失业工人而言，需要一个设计良好且资源充足的主动和被动的劳动力市场计划系统，这些计划通常作为国家激活劳动力战略的一部分。积极的劳动力市场计划应为所有失业工人及时提供基本的求职服务，并针对需要更密集的再就业服务或再培训的工人。一些工人可能暂时需要失业救济金形式的支持。精心设计的失业救济金计划对于提供足够的收入保障至关重要。

数字技术和新商业模式的不断发展以及其他驱动因素催生了在线平台，这些平台促进了以平台为媒介的工作出现，即我们常说的"零工经济"。平台市场的劳动者通常受益于低的进入壁垒和工作的灵活性，从这个意义上来说，可以促进劳动力市场的包容性。大多数此类工作是作为某种非标准形式的工作形态进行的，特别是由独立的个体经营者或自由职业者进行，并且在许多情况下作为兼职工作。零工经济的劳动力市场结果差异很大，特别是在薪酬、工作保障和社会保护方面。零工经济的从业者也较少受到劳动法规的保护，往往接受较少的劳动培训，并且更容易受到工作压力的影响。确保所有劳动者的良好的工作环境需要加强劳动力市场监管，使社会保护更加可持续、有效。

数字化转型将进一步促进零工经济的发展，这可能会减少许多工人的工作保障。零工经济的从业者可能根本不适用于开放式合同的招聘和解雇标准规则的保护，甚至完全被排除在就业保护立法之外。对于一些新兴的工作形式，现有法律与法规甚至无法确定从业人员的劳动地位是什么、雇主是谁，以及应该对他们适用什么规则。因此，面对零工经济这一新的就业形态，政府可以考虑是否需要扩展和／或调整税收及福利制度以适应新的工作形态，从而为所有工人提供一些最低限度的保护，并将他们的各种收入来源纳入税收制度。社会保障权利的可移植性有助于防止工人在不同工作、合同类型以及进入和退出就业时失去福利权利。

与历史上的科技革命一样，数字经济在促进整体经济发展的过程中，也在经济中创造了赢家与输家：一般而言，高学历劳动者获益更多。收入差距的扩大催生了学界对再分配政策的再度关注，例如，提高最低工资标准等。在这些传统的收入再分配政策之外，更为激进的基本收入（Basic Income）制度也被提出，该制度旨在向社会特定群体甚至广大群体提供基本收入。Ghatak 和 Maniquet（2019 年）提供了基本收入制度的理论分析，Hoynes 和 Rothstein（2019 年）则提供了发达国家基本收入的一个详细分析。他们发现，如果美国实施基本收入制度，其所需要的财政收入将是现行的社会安全网制度所需资金的两倍以上，并且基本收入制度将对劳动供给造成巨大的扭曲，因此，单单引入基本收入制度，不仅财政上难以负担，也难以应对数字经济的挑战。

第七节　教育和培训政策

数字化转型会引发创造性破坏，加剧了现有工作岗位的流失，而其他工作岗位则被创造出来。随着劳动力市场的转变，许多新工作可能与我们过往所了解的不同。赋予人们在数字化工作世界中取得成功所需的各种技能至关重要，包括改善教育和培训系统、促进一种工作到另一种工作的过渡。旨在促进经济繁荣和包容性社会的政策需要确保所有人都能成功和公平地过渡，而一个合理而有效的数字教育与培训体系是向数字经济时代过渡的基石。

数字科技的发展将在可预见的时期内逐步替代很多职业，当前教育体系未能提供充足的新技能培训，满足剩余职业以及人工智能技术的辅助性职业需要。基于两次工业革命所建立起的教育体系，需要重新审视并在两个可能的方向做出调整：一是能够随时零成本地获取信息和知识；二是适应快速变化的职业需求，关键在于从单纯传授知识向数字经济所要求的技能发展过渡。上述教育改革更倾向于"个人定制化教育"，而非传统的要求统一、标准统一的教育体系。表3.1列出了Trajtenberg（2019年）所总结的数字经济和人工智能时代最需要的核心技能。

表 3.1　数字经济和人工智能时代需要的核心技能

一类：分析、创造、适应	二类：人际、沟通	三类：情感、自信
批判及创造性思维	有效沟通	自我认知
分析和研究能力	人际关系和能力	同情心
意义建构	社交情商	压力处理
适应性思维	虚拟协作	认知负荷管理
设计性思维	—	情绪处理

资料来源：Trajtenberg（2019 年），作者整理。

值得注意的是，已有的教育体系和学术体系以系统性传播知识为主，并不注重培养上述技能。这就是大规模开放的在线课程（如慕课等）能够受到广泛关注并快速崛起的原因。在上述大趋势下，针对教育领域的政策需要解决如下问题：

- 重构教育金字塔。Heckman 等人（2014 年）认为，应当尽早引入关键技能（包括认知技能和社交技能等）的教育，如果在年龄较小时未能及时开发上述技能，对人的一生都将造成负面影响，因此政府可以考虑在 0—6 岁期间，更早地介入为家庭提供幼年教育。
- 在全年龄段的教育中加强人工智能时代稀缺的能力教育。
- 在灵活创新的教育环境中，从教育方法论、课程设计、社交技能发展的层面引入教育试点和实验。
- 加强对于教育体系变革的研究，包括其有效性、对于需求转变的满足度、提升教育公平的程度。

目前技术进步对劳动力存在赋能和替代两种效应，前者能够增强、促进和拓展人类的感知、分析等能力，后者能够替代人类的劳动，只留下那些难以被机器取代且低工资的工作。对于关键的经济社会变量来说，赋能型创新和替代型创新会产生完全不同的影响，赋能型创新有可能释放人类的创造力和生产力，特别是在服务行业，而替代型创新会增加失业或保留低价值岗位。从现实层面看，很难有指向性地影响创新向赋能方向发展，因此，值得研究的是创新方向的转变对于经济的影响。传统经济学对于创新的研究重点在于向研发部门投入的资源多少，但研究创新方向的调整会带来更大的回报。

在数字经济时代，劳动力市场与教育政策的核心目标是：帮助劳动者的技能适应数字化和不断变化的工作性质。数字传播取决于人们使用数字技术的技能。Andrews 等人发现劳动者 ICT 能力会影响数字科技的采用率（Andrews 等，2018 年）。未来企业必要的劳动者技能库不仅需要包括 ICT 专家，他们的专业知识是部署和管理数字技术的基础，还应当包括在工人中更广泛地适用通用型 ICT 相关技能，从而跟上不断变化的技术环境。国家应该系统性地推出数字技能计划，推动教育系统的现代化和数字化，提高横跨不同领域的劳动者和专业人士的数字技能。这种数字技能计划还应充分反映在劳动力市场政策中，为不同教育程度的求职者提供发展数字技能的机会。

在正规教育中，需要尽早地引入数字科技的教育计划，例如在小学与中学教育中引入数字科技的基础课程。数字社会所需的技能组合范围广泛，其中包括基础算术和识字技能、解决问题的技能以及 ICT 技能。扎实的基础技能加上解决问题的技能对于有效地使用数字技术，并从数字化转型的机遇中受益是必不可少的。强大的基础技能也是持续学习的基础,例如更普遍的职业培训和成人教育。

教育系统的数字化也不容忽视。由国家教育部门建立的远程教育体系,应当是一个开放的、免费的、基于互联网的培训系统。该体系能够保证学校可用的数字科技工具的充足性以及教师具备有效使用这些工具的技能,尤其是对于低收入家庭等弱势群体而言,保障学生获得物质和数字资源以进行远程教育,可以减轻贫困所带来的不利后果并缩小收入差距,实现共同富裕。

国家教育部门还应当开展广泛的数字科技培训计划,包括在学校与家庭中提供数字教育资源和为学校提供数字设备,以及培训学生和教师。这种计划应当保证普惠性,确保所有人都能获得充分的远程数字科技教育,防止数字技能人力资本积累的不平等加剧。

随着整体经济的数字技能越来越先进,高等教育的作用越来越突出。在数字经济时代,劳动力市场的需求结构不断发生变化,大学教育需要与劳动力市场需求保持一致,确定不同领域的供给是一个关键的决定因素。与数字技能密切相关的科学与工程类课程的需求快速上升,但是现有大学对这方面课程的供给仍然没有跟上需求的变化。事实上,当前社会,与数字科技相关的技能的短缺表明,有必要进一步增加相关课程,并提高高等教育中数字科技相关教育的质量。

在数字经济时代,大学还需要更加开放,尤其是向社会开放。这将有助于促进高等教育机构和学生之间建立更好的联系,以及提高高等教育的专业化程度。这种更好的联系还可以使大学更好地利用科学和技术研究人员的新职业道路,并更有效地与企业建立伙伴关系。

高质量的职业教育和培训可以促进必要的工作技能，尤其是与数字科技相关的技能。职业教育和培训特别适用于提供有限的特定技能，例如，操作自动化机床等。双重职业教育与培训体系在数字经济时代尤为有效，该体系同时为学生提供学校培训和企业实践培训。制定职业教育与培训方面的公共政策需要具备长远的眼光，在满足当前的劳动力市场需求时，职业教育与培训计划应着眼于被认为在许多职业中有高需求和通用的技能类别。职业教育和培训还应适当考虑培育基础技能，以培养工人在其职业生涯中的应用技能。

为了适应快速变化的技术格局，数字技术的广泛采用还取决于劳动者技能的不断提高。因此，成人培训和终身学习是在人口老龄化的背景下进一步发展数字化的关键。在加强终身培训体系时，应特别关注低技能劳动者。一方面，低技能劳动者的终身学习对数字技术采用的影响比那些已经具备高技能的劳动者的影响更大（Andrews、Nicoletti 和 Timiliotis，2018 年）。另一方面，关注低技能劳动者也具有成本效益，因为他们的培训成本往往较低。

第八节　开放政策：数字贸易与投资

数字科技正在改变企业竞争、贸易和投资的环境。开放的市场允许外国和国内企业在平等的基础上竞争，创造一个商业友好的环境，有助于数字经济蓬勃健康发展。随着数字前沿、应用和流程在开放的市场中扩散，全球化的贸易和投资制度可以为快速升级科技和技能以及提高专业化开辟新途径。市场开放还促进竞争，帮助国内外企业从贸易和投资中获益，促进经济增长。

数字科技和数字贸易通过降低贸易成本对国际贸易产生了深远影响，数字科技将有利地促进全球价值链的协调效率，跨越国界更有效地传播思想和技术，并在全球范围内连接更多的企业和消费者，所有的一切都推动了全球贸易的前沿进展。新技术和开放、广泛连接的互联网生态系统为国际贸易创造新的机会，通过新的参与者和新的商业模式实现新的价值链，并刺激创新。使用数字技术和服务，比如数字匹配服务、物流支持和安全在线支付系统的创新商业模式正在提供解决方案，基于此，企业能够在线和在新市场上销售其产品。数字平台降低了企业国际贸易的准入门槛，允许小企业支付和使用平台的物流客户服务基础设施在全球市场上销售。随着数字化转型的加速，作为数字贸易的关键组成部分，跨境电子商务格局也在不断变化。

数字经济允许国际贸易完全通过数字化的方式进行，增加了数字化交付服务的出口，并促进了传统贸易的发展，尤其是在更复杂的制造业和农产品方面。数字化转型深刻改变了国际贸易方式：大量的小型和低价值的实物商品包裹以及数字服务正在跨越国界；商品越来越多地与服务捆绑在一起；新的和以前不可交易的服务现在正在进行跨境交易。跨境贸易中，服务业的兴起与数字科技的快速发展密切相关。传统上需要靠近客户的服务现在可以进行远距离交易，因此公司能够以更低的成本进入全球市场。

然而，服务贸易的监管仍然因国界而支离破碎，监管摩擦给服务提供商带来了贸易成本，尤其是对中小企业而言。因此，现有和新出现的贸易壁垒可能会削减数字科技的收益，这些壁垒阻碍了创新，并为实现跨境数字交付的服务流动设置了障碍。

最近的数据表明，对支持数字交付服务的贸易限制主要是影响基础设施和连通性的政策措施，例如，超出了为确保个人数据的保护和安全而施加对互联互通进行限制的低效法规和对跨境数据流动的限制。负面冲击服务贸易的其他措施还包括限制电子交易，例如，影响电子商务许可证的歧视性措施和支付系统、限制电子签名等。虽然数字贸易早在1998年就通过电子商务工作计划被引入世界贸易组织（WTO），但除了暂停对数字传输征收关税外，进展缓慢。2017年在布宜诺斯艾利斯举行的第11届部长级会议上，WTO成员同意在下一届部长级会议之前"保持目前不对电子传输征收关税的做法"。一个由71个成员组成的小组进一步同意"共同启动探索性工作，以促进未来WTO就电子商务贸易相关方面的谈判"。

现有的多边贸易规则是在数字贸易尚处于起步阶段时达成谈判的，即使被认为在技术上是中立的，但旧有规则是否能反映数字贸易的新形式和新现实，显然存在疑问。例如，贸易规则传统上需要确定产品是商品还是服务，以及它们跨越的边界，但新的商业模式和互联网的全球性质模糊了这些区别。企业可以灵活地为不同地点的市场提供服务，他们销售的产品将商品与服务捆绑在一起，这使得识别适用于特定交易的特定贸易规则变得困难。因此，需要更全面地处理市场开放问题。例如，互联网接入可能是数字化商品贸易蓬勃发展的必要条件，但不是充分条件。如果接收或交付的国家物流服务受服务贸易限制，因而价格上涨且成本高昂，或者如果货物因烦琐的程序滞留在边境，那么数字化转型的优点可能不会体现。

跨境数据流动支持贸易交易。它们在全球价值链上实现控制和协调，或通过促进贸易便利化措施的实施支持贸易。从数字贸易中获益需要多方利益的相关者就监管方法进行对话，以确保不同监管制度的互操作性，尤其是关乎跨境数据流动等核心问题。一方面，影响跨境数据流动的新兴安全与保护个人隐私的措施引发了对商业活动和从数字贸易中受益的能力的担忧；另一方面，必须考虑到重要的公共政策目标，例如，保护隐私、安全和知识产权等。面临的挑战是以非任意或歧视性的方式解决公共政策目标，以保护数据支持的贸易所带来的重大经济和贸易利益。为了支持这种全球数据流动机制的建立，一个重要的步骤是更好地理解高度异质性的数据流的性质和组成，以及所追求的公共政策目标的范围。

不论是多边的贸易协定，还是双边的贸易协定，为管理具有不同开放标准的国家间的交流提供了一些有用的见解，反映了不同的文化和政治背景。在贸易协定中，将国际贸易的优点与国家的监管权力相结合有以下几点原则。

- 标准透明。
- 标准以同样的方式适用于每个人，即非歧视性。
- 在实现其合法的公共政策目标时，各国不会使用超出实现目标所需的贸易限制措施。

减少国际投资壁垒能够支持更广泛的数字化转型。吸引外国直接投资（FDI）并支持数字化转型，是促进包容性增长的重要驱动力。外国直接投资还有助于将资源引导至更高效的用途，并通过竞争压力和股东、债权人施加的市场纪律，确保所有企业努力提高效率，并允许效率低下的企业退出。随着时间的推移，各国的政策趋向于对外商投资更加开放，不过总体而言，对外国直接投资的限制在不同国家和地区之间仍然存在很大差异。跨国企业更广泛地使用数字技术和数据来组织其业务运营并改进流程和程序。数字技术的使用还促进了基于知识产权市场的国际技术转让溢出效应，极大地提高了生产力。数字技术和大数据的密集使用也影响企业是否出口或建立本地业务的决定，因为如果产品相对容易以数字方式交付，出口可能会变得更具吸引力。此外，由于数字科技有助于全球价值链的构建，支持全球价值链所需的基础设施和服务可能成为企业决定是否投资以及在哪里投资的新变量。投资制度还需要促进对无形资产的投资，例如商业模式、软件、数据、知识产权、经济能力和技能的投资。在许多发达国家，无形资产的投资现在比设备投资的总和还要大。

高效、稳定和开放的金融市场以较高的透明度、信心和诚信为基础，有助于将金融资源分配给投资于数字化转型的企业。开放的金融市场还确保国内金融服务公司在面对外商竞争时保持竞争力。日益激烈的竞争环境使国内企业更加高效和透明。资金流动可以降低资本稀缺企业的资金成本，进而增加对数字技术和数据的投资。以银行为重点的监管框架可能会阻碍更有针对性的服务，例如移动支付进入市场。监管者需要改变监管方式以促进金融服务安全和有益数字化的双重目标。在这方面，需要跨部门和国际监管合作，以实现一致的监管和信息共享。

在数字经济时代，由于市场竞争的特性，市场竞争的结果往往倾向于形成垄断，所以开放全球市场的准入，能够有效地加强竞争，降低价格和提供更多种类的商品和服务使消费者受益，并支持国际贸易和投资。竞争性市场还通过刺激创新、发展新商业模式、提高商业活力和生产力、推动整个经济的结构性变革等方式来支持数字化转型。数字化转型促进了国内外各种产品和服务市场的更大竞争。在数字经济时代，地理上的市场边界变得越来越不重要，因为互联网促进了基于数字的供应商和零售商的进入和增长，这些供应商和零售商不需要在他们销售的所有市场都有实体存在，这有助于增加竞争并扩大全球价值链。反过来，数字化商业模式增加了线下原有企业的竞争压力。

数字技术使新型产品和服务能够与现有产品和服务竞争，这些新产品和服务大大降低了价格并改善了服务。虽然数字技术和数据在许多市场上引发了更激烈的竞争，但它们也有可能使市场更加集中。例如，在平台市场中，网络效应和范围经济可以推动"赢家通吃"，其结果是行业集中度上升。全球并购与行业集中度的提高有关。2003—2015年，全球并购数量翻了一番，数字密集型行业的企业跨境并购大幅增加。全球并购的发展并不一定是负面的，因为它们可能是数字化转型所固有的性质，但政策制定者应对其进行进一步审查和考虑，以确保国内和跨境交易有公平与合理的竞争环境。

缺乏监管也会阻碍数字创新。创新的商业模式可能会出现在传统的部门划分之间，或者改变不同参与者之间的关系。在缺乏适当监管的情况下，对此类商业模式的最基本要求可能会阻碍投资者和创新者。同样，对交易各方的权利和责任的共同理解有利于平台经济中"同行"之间的交易。"免费"交易，即消费者免费获得商品和服务以换取平台企业使用他们的个人数据，而此类商业模式现已遭到越来越大的质疑。在这种情况下，缺乏某种横向法规，包括缺乏消费者安全和消费者保护法，对可能有损消费者的商业模式监管不足，长期将会有碍于创新产品或商业模式的出现。

随着数字化转型影响竞争，其会针对规制传统市场的竞争政策框架带来一些新的挑战。其中一项挑战是数字化所带来的市场竞争新维度，以及实现反竞争结果的新方法，例如使用人工智能算法进行串通。在数字经济时代，新的竞争政策需要对数据进行规制，在数字平台免费提供产品或制定个性化价格时，对相关数据保护措施下的消费者数据进行规制，需要跨境合作，以确保使用跨国通用标准，并向各国的监管机构提供信息。

第四章
数字经济治理的核心议题(上)

面对数字经济对经济和社会治理带来的全新议题,政策制定者需要针对性地设计数字经济治理的政策框架。

我们将数字经济治理的核心议题分为上、下两章展开讨论。本章将针对消费者保护、网络安全、数据隐私和人工智能等领域的治理政策实践,以及面临的挑战进行全面梳理,以期为全球数字经济的治理辩论提供更多素材和案例。

第一节 消费者保护

随着数字技术加快向更广泛的经济活动领域延伸,数字经济的范围不断扩大,在线消费人数和消费金额快速上升,线上消费品和线上服务的类别也在迅速增长。消费者在享受数字经济带来便捷的同时也面临许多新的风险。

风险和挑战首先来自网络环境(网络安全和数据治理等具体内容将在后续章节中展开),比如计算机病毒、黑客攻击和网络诈骗等,只要使用计算机和互联网,即使不购物也可能遇到。针对计算机和互联网环境带来的风险,1986年美国国会颁布《计算机欺诈和滥用法案》,该法案禁止任何人在未经所有者同意的情况下访问计算机或计算机网络。这部早期的法律将黑客、网络盗窃和破坏私人机密信息定为犯罪行为,并惩罚使用计算机盗窃财产的行为。为应对日益复杂的网络犯罪,美国国会对该法案进行了多次修改。修正后的法律规定,威胁破坏他人的电脑设备、窃取电脑数据、公开传播窃取的数据以及拒绝修复犯罪者对他人电脑造成的损害(如勒索软件),也将被视为犯罪。随着2000年以后电子邮件的流行,未经请求或欺诈性的电子邮件风险显著上升。2003年,美国国会颁布了《2003年控制非自愿色情和推销侵扰法》,这是一部反垃圾邮件的法律。为了维护网络安全,2017年中国颁布实施了《中华人民共和国网络安全法》。

在线消费需要消费者更深入地参与线上互动,以及提供更丰富的个人信息和金融信息，这会加剧消费者在交易、支付、个人隐私等方面面临的风险。很多新风险是传统消费者保护规则未能覆盖的。各国除了将消费者保护立法延伸到线上，还需要加强与在线消费者保护相关的其他立法领域，比如电子交易、数据隐私保护、网络犯罪等。例如，美国2006年的《反垃圾邮件、间谍软件和欺诈执法与执法机构超越国界法案》（也被称为《安全网络法》）将美国消费者的保护范围扩大到全球。2010年通过的《恢复网上购物者信心法案》，将美国在线消费者的保护范围进一步扩大。一方面，禁止交易之后的数据传递，卖方必须直接获得向消费者收费的账户信息；另一方面，限制商家通过"消极选项"收费，要求在产生任何费用之前，必须事先获得明确的知情同意，并提供简单的机制用以停止重复收费。为了规范电子商务平台经营活动，中国在2018年通过了《中华人民共和国电子商务法》；为了进一步加强在线个人信息保护，中国在2021年颁布了《中华人民共和国个人信息保护法》。

为了更好地保护在线消费者的各项权益，规范网络交易活动，营造公平竞争的网络消费和经营环境，一些国家和地区也出台了针对在各类线上交易中利益相关者的法律规定，涉及网络交易经营者、网络服务提供者等。欧盟在2020年年底公布了《数字服务法案》和《数字市场法案》草案，分别针对互联网服务和市场竞争。《数字服务法案》草案针对的是所谓"超大型平台"，涉及打击非法内容、保护用户隐私安全、规范在线广告等义务，《数字市场法案》草案的关键词是"守门人"（Gatekeeper），目标是解决不公正的商业行为。两项法规都放弃了以过去事件为由提起诉讼的旧的"事后"方法（旷日持久的诉讼最终还是有利于大公司），而采用"事前"规则，迫使大公司提前采取行动。这两项新法规制裁力度很大，违反《数字服务法案》最高罚款可达全球年度营业额的6%，违反《数字市场法案》最高罚款可达全球年度营业额的10%，所涉公司如果同时违反两项法规，罚款甚至可以达到上百亿欧元。

随着线上商品和服务交易的普及，为营造良性发展的网络市场经营和竞争环境，保障在线消费者权益，中国在数字经济领域的立法不断加速。2016年通过的《中华人民共和国网络安全法》是国内首部规范网络环境的重要法律。2018年通过的《中华人民共和国电子商务法》规范了电子商务经营者的准入条件，及其在线上经营过程中的义务和责任。2021年2月，国务院反垄断委员会在原有法律基础上印发了《平台经济领域的反垄断指南》，对平台经济的合法合规经营做出了明确指引。

2021年3月15日，中国国家市场监管总局发布《网络交易监督管理办法》。作为《中华人民共和国电子商务法》的配套规章，《网络交易监督管理办法》明确网络交易经营活动中核心主体的义务，细化了交易活动主体的类别（见图4.1），并规定了网络交易经营活动中最核心的平台经营者的11项义务，以保障消费者权益。

这11项义务包括：登记核验商户身份并动态监测网络交易数据、按要求定期报送、不得干涉商家自主经营、用户信息安全保障、网络交易经营者身份信息公示及变更公示、不得删除评价等不正当竞争、消费者保护（产品续费、格式条款等领域）、交易信息保存、违法信息报告、禁止销售违禁品、执法配合义务。

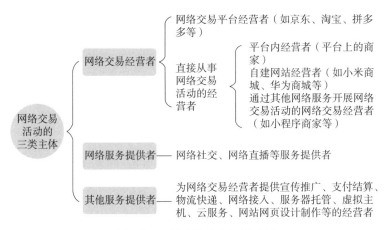

图4.1 三类网络交易活动主体

资料来源：财新网。

此外，对于网络交易中涉及个人信息隐私保护和数据安全等问题，2019年起，我国陆续出台了《中华人民共和国密码法》《中华人民共和国数据安全法》《中华人民共和国个人信息保护法》。这些立法旨在保障网络与信息安全，维护国家安全和社会公共利益，保护公民、法人和其他组织的合法权益，规范数据处理活动，保障数据安全，保护个人、组织的合法权益，共同奠定了我国网络社会和数字经济的法律之基（见表4.1）。相关内容会在后续章节进一步展开。

表4.1 中国消费者权益保护相关立法

相关法律		
时间	文件名称	规范的领域
2014年3月15日	《中华人民共和国消费者权益保护法》	消费者保护
2017年6月1日	《中华人民共和国网络安全法》	网络环境
2019年1月1日	《中华人民共和国电子商务法》	线上经营者、平台

续表

相关法律		
时间	文件名称	规范的领域
2020年1月1日	《中华人民共和国密码法》	网络环境、数据安全
2021年5月1日	《网络交易监督管理办法》	网络交易经营者、网络服务提供者、平台、个人消费者保护
2021年11月1日	《中华人民共和国个人信息保护法》	个人数据安全与隐私

资料来源：作者整理。

从线上消费者保护的角度看，以上针对网络市场的规则结合原有针对线下市场但可将规定扩展到线上的法律，目前中国的相关法规已经涵盖OECD提出的消费者保护原则（见表4.2）。

表4.2　OECD消费者保护八项原则与我国法律规定

具体原则	原则要求	我国法律规定及实践
透明有效的保护	不低于在其他商业形式中的保护，考虑弱势群体	《中华人民共和国消费者权益保护法》的规定同样适用于线上消费者；《网络交易监督管理办法》做了补充
公平的商业、广告和营销实践	企业不应作出任何陈述、遗漏或参与任何可能具有欺骗性、误导性、欺诈性或不公平的行为；歪曲或隐藏条款影响消费者交易决定	《网络交易监督管理办法》第三十二条规定，平台不可干涉平台内的交易、交易价格等；第十四条规定，网络交易经营者不得进行虚假或者引人误解的商业宣传，欺骗、误导消费者
在线披露（商业、产品和服务以及交易信息）	提供全面信息，并保证其清晰、准确、容易获取和引人注目	《网络交易监督管理办法》第十九条规定，网络交易经营者应当全面、真实、准确、及时地披露商品或者服务信息，保障消费者的知情权和选择权

续表

具体原则	原则要求	我国法律规定及实践
确认过程	确保流程时间点和完成交易所需步骤清晰、明确；提供关于货物或服务信息的审查机会，在确认前可纠正错误或停止流程；保留完整交易记录	《网络交易监督管理办法》第三十一条规定，交易信息的保存时间自交易完成之日起不少于三年
支付	提供便捷的支付机制并保证安全；监管未经授权或欺诈性收费的行为；合理的退款机制	《中华人民共和国电子商务法》第十三条至第五十七条
争议的解决和补救	建立透明有效、公平易用的纠纷解决机制	《网络交易监督管理办法》第二十一条规定，经营者不得排除或者限制消费者依法投诉、举报、请求调解、申请仲裁、提起诉讼的权利
隐私和安全	合法、透明地收集和使用消费者信息；消费者可选择；保护隐私；确保数据安全	《网络交易监督管理办法》第十三条规定，收集、使用消费者个人信息，应当遵循合法、正当、必要的原则；收集、使用个人生物特征、医疗健康、金融账户、个人行踪等敏感信息的，应当逐项取得消费者同意
教育、意识和数字能力	教育以提高消费者自我保护意识，促进知情决策；设计方案满足不同群体需求（考虑年龄、收入、文化因素）	中国消费者协会等机构定期展开消费者教育

资料来源：作者整理。

第二节 网络安全

信息网络是数字经济的重要基础设施,随着线上活动快速增加,网络安全越来越受到大众的关注。网络安全风险主要是指基于恶意或犯罪目的,利用网络安全漏洞对政府、团体和个人网络安全产生威胁的事件。攻击者的动机各不相同,包括政府的地缘政治目标、犯罪者的勒索企图、黑客主义者的意识形态、恐怖分子的暴力行为、寻求刺激的个人目的等。

网络安全事件会对政府、企业与个人的数据、信息系统与网络的可用性、完整性与机密性造成危害,不仅会产生有形的损害,也会造成无形的损害,包括金钱损失、竞争力降低、名誉受损、运营中断和隐私侵犯等。

一、主要网络安全风险

近年来,网络安全风险事件层出不穷,OECD 将主要的网络安全事件分为以下三类。

第一,分布式拒绝服务(Distributed Denial of Service,DDoS)。DDoS 攻击是一种常见的攻击事件,攻击者利用僵尸网络(由非真人使用的机器或僵尸设备组成的大型网络)向在线服务发送大量非法请求来中断正常服务的运行,通常是为了向受害者勒索钱财。2016 年,Mirai 僵尸网络利用超过 10 万个端点聚合了超过每秒 1.2Tbps 的带宽，在几个小时内摧毁了数十家北美最大的网站。

第二，网络钓鱼（Phishing）和域名欺诈（Pharming）。二者的主要目的都是获取用户敏感信息，攻击者在线上通信中伪装成可信任的实体，从而获取用户的敏感信息或传播恶意软件。网络钓鱼通常使用的钓鱼邮件包含指向恶意网站的链接，未受到保护的终端用户难以检测出这些恶意链接。钓鱼邮件一般有两种，一种是广泛的无针对性的钓鱼邮件，旨在引导用户到虚假的电子商务或金融网站上，从而骗取他们的信息；另一种是更复杂的电子邮件，针对特定个人，在其组织的信息系统中植入恶意软件，这种攻击被称为"鱼叉式网络钓鱼"（Spearphishing）。域名欺诈（Pharming）则是使用了相似的域名冒充官方网站，从而获取用户信息。根据 2019 年的数据，欧盟国家互联网用户遇到网络钓鱼事件的比例高达 30%，遇到域名欺诈的用户比例相对较少，但也超过了 15%（见图 4.2）。

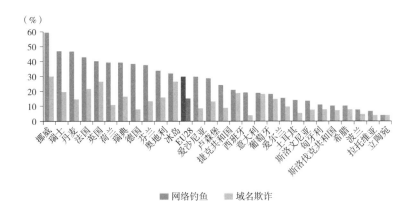

图 4.2　2019 年欧盟各国经历网络钓鱼和域名欺诈攻击的个人用户占比
资料来源：OECD。

第三，勒索软件攻击。勒索软件是一种恶意软件，它使用加密技术来限制或禁止个人或组织的数据访问，并以此向受害者勒索赎金以恢复访问权限。比较出名的是 2017 年的 WannaCry 软件和 NotPetya 软件攻击，据估计，这两种勒索软件给企业造成了数十亿美元的损失，其中知名的受害企业包括默克集团（损失 8.7 亿美元）、联邦快递（损失 4 亿美元）、圣戈班集团（损失 3.84 亿美元）和马士基集团（损失 3 亿美元）等。这些恶意软件也影响了国家公共部门组织，例如英国国家卫生局和俄罗斯内务部。

随着加密货币日益受到人们的关注，加密货币的网络安全事件也频频发生（见表 4.3）。攻击者采取了不同的方式，最常见的是攻击交易所盗取加密货币，还有一些选择攻击官方钱包窃取用户资金，甚至直接攻击区块链。攻击者还开发了新型的技术，称为"加密挖矿"（Cryptomining）和"加密劫持"（Cryptojacking）。在加密挖矿中，犯罪分子安装恶意软件篡夺用户的处理能力，进行挖矿；加密劫持则是指在用户浏览器的网页内容中插入脚本进行加密挖矿。

此外，人工智能的发展也可能给维护网络安全带来新型挑战。一方面，人工智能系统可能会遭到具有特殊性的新型技术攻击。例如，因为机器学习依赖于进行训练的数据，所以数据中毒会严重损害人工智能系统。另一方面，人工智能技术也会遭到不法分子的滥用，其中最引人注目的是深度伪造（Deepfake）技术，深度伪造是指通过人工智能换脸、语音模拟、视频生成等方式，对既有图像、声音、视频进行篡改、伪造，自动生成音频和视频产品。随着人工智能技术不断迭代，深度伪造可以合成以假乱真的音频和视频，甚至被认为是"最危险的人工智能技术"之一。

表 4.3 加密货币交易所的网络攻击

交易所	地点	金额（百万美元）
2019 年		
Upbit	韩国	51
VinDAX	越南	0.5
Bitpoint	日本	30
Bitrue	未知	5
GateHub	英国，斯洛文尼亚	10
Binance	中国	40
DragonEx	未知	7
Bithumb	韩国	20
CoinBene	未知	>100
Coinbin	韩国	30
Coinmama	捷克斯洛伐克	未知
Cryptopia	新西兰	3
2018 年		
MapleChange	加拿大	5.7
Zaif	日本	60
Coinrail	韩国	40
Bithumb	韩国	31
Taylor	爱沙尼亚	1.5
CoinSecure	印度	3.5
Bitgrail	意大利	170
Coincheck	日本	533
2017 年		
NiceHash	斯洛文尼亚	62
Youblit	韩国	未知
Bithumb	韩国	7
Yapizon	韩国	5

续表

交易所	地点	金额（百万美元）
2016年		
Bitfinex	中国香港	72
GateCoin	中国香港	2
shapeShift	瑞士	0.23
2015年		
BTER	中国	1.5
KipGoin	中国	未知
Bitstamp	英国，斯洛文尼亚，卢森堡	5.1
LocalBitcoins	芬兰	未知

资料来源：OECD。

二、应对网络安全风险

制定网络安全风险管理措施可以有效减轻网络风险的负面影响。OECD认为，网络安全风险评估是网络安全风险管理的核心，机构应定期评估网络安全风险。安保措施包括安全性测试、备份程序、加密技术、双重身份验证、网络访问控制、虚拟专用网络等技术措施，以及风险意识培训和保险购买（如果有适用的保险）等其他措施。

为了降低网络安全风险，许多国家和地区开展了网络安全创新中心项目（见表4.4），表明政府越来越倾向于从化解网络安全风险的角度促进经济发展，而不仅仅是将网络安全风险视为代价或威胁。

表4.4 部分国家和地区开展网络安全创新中心项目

国家/地区	年份	项目名称	简介
以色列	2014	网络安全创新园区（CyberSpark）	汇集了主要利益相关者，在同一个园区中进行合作和分享想法，包括学术界、工业、风险投资和政府
欧盟	2016	欧洲网络安全组织（ECSO）	这是一个公私合营的组织；协调欧盟创新路线图和投资的伙伴关系；其优先考虑许多技术领域的投资，例如人工智能、量子计算区块链；非技术领域，例如中小型企业、网络中的女性和网络中的年轻人
澳大利亚	2017	网络安全增长（Cyber Security Growth Network）	为网络安全公司提供建议，帮助他们确定挑战；在其网络中，总共有300家数字安全公司，向15个项目提供5 000万美元
英国	2018	伦敦快速网络安全推进办公室（LORCA）	支持数字安全创新者扩展和开发解决方案，以满足行业的需求
新加坡	2018	创新网络安全生态系统（ICE71）	通过吸引和开发技术降低快速增长的网络安全风险，从而加强了该地区的网络安全生态系统
德国	2018	网络安全创新机构	专注于民用和国防技术
法国	2020	网络校园（Cyber Campus）	将致力于提供一个多利益相关方平台，以促进网络安全创新；其参与者涉及学术界、私营企业、政府和初创企业

资料来源：OECD，作者整理。

针对新技术带来的网络安全风险，尤其是人工智能和深度伪造技术，一些国家已经采取了监管措施。例如，美国近年来陆续出台了包括《2018年恶意伪造禁令法案》《深度伪造责任法案》在内的多项法案，对深度伪造技术进行严格的使用限制。2020年12月，中共中央印发《法治社会建设实施纲要（2020—2025年）》，提出制定对网络直播、自媒体、知识社区问答等新媒体业态和算法推荐、深度伪造等新技术应用的规范管理办法。对于这些新技术的负面影响主要从两个方面采取防范措施。一是事前识别，将识别伪造音频和视频技术部署在传播渠道前端，禁止虚假内容发布，或至少提出警告。相关部门可尝试建立全网"数字水印或签名"系统，便于追溯查询。二是事后鉴伪，例如，鼓励企业加大对鉴伪技术研发的投入，抓紧开发能识别深度伪造内容的工具。

第三节　数据治理

数字经济蓬勃兴起，数据将成为数字经济的战略资源和生产投入或要素，而数字治理是数字经济持续发展的重要保障。同时，在数字经济的背景下，大规模的数据采集和（跨境）流动已然成为常态，并因其潜在的利益冲突和风险隐患正日益成为各国政府在经济社会治理领域的关注焦点。

世界银行《2021年世界发展报告背景论文：绘制全球数据治理法律框架》提出一个"信任"框架，从"保障措施"和"支持手段"两方面分析80个国家相关法律、法规和行政措施，并评估各国数据治理和监管情况。其中保障措施是指避免或限制因滥用数据而造成的损害来促进对数据交易的信任，包括个人数据保障、非个人数据保护措施、网络安全与网络犯罪、跨境数据传输四个维度。支持手段是指为数据经济发展提供良好的支持，包括电子商务、公共意图数据支持手段、专用数据使用许可三个维度。研究结果发现，样本国家采用保障措施和支持手段的比例仅为41%和47%，还有较大发展空间；样本国家普遍在支持手段方面的得分比在保障措施方面的得分要高；样本国家在电子商务方面的得分最高，在个人数据保护、跨境数据传输等方面得分较低。

毫无疑问，数据治理是数字经济治理的关键组成部分。在对数据资源进行开发利用的同时，如何保护国家数据资源安全，保护政府、企业以及个人数据免遭不当采集、窃取和滥用成为治理难题；此外，数据的基本特性决定数据只有流动起来才能最大化地释放数据价值（见图4.3），由此带来数据确权、非隐私数据的合理有效的（境内和跨境）流动，以及数据开放共享制度同样亟待构建。

图 4.3　全球数据价值循环

资料来源：OECD。

一、个人数据治理

个人数据越来越多地在收集时以未预料到的方式被使用，包括敏感信息曝光或将所谓的匿名数据连接到特定个人等。侵犯隐私风险不仅涉及相关个体，还涉及价值原则，特别是其对整体社会信任产生了广泛的影响。因此，数字经济时代需要更好地管理隐私和个人数据，构建社会信任。隐私保护不仅是值得保护的基本价值，而且是个人数据跨组织和边界自由流动的条件。

一种隐私保护措施的思路是赋予个人权力，并赋予个人对其数据处理方式的更多保证和控制。提高个人数据收集的目的和使用的透明度，以及加强用户对其数据的访问和控制的措施与数字经济时代的信任密切相关。技术进步可以通过"设计隐私"流程增加信任，即在产品或服务的初始设计阶段而不是事后考虑隐私影响。将使隐私保护方法嵌入或编码到技术中，有助于最大限度地减少个人数据收集。

从各国实践看，欧盟以自上而下的立法推动统一监管。《一般数据保护条例》（GDPR）是欧盟个人信息保护的核心法律。GDPR具有强制实施效力，其构建了一套完善的个人信息保护体系，强制适用于欧盟全境。其主要特点包括：在保护范围上，基于识别与关联标准扩展个人信息的外延，医疗健康、生物标识等都成为保护对象；在用户权利上，GDPR引入被遗忘权、可携带权、删除权等新型权利；在隐私策略上，要求企业确保隐私设计贯穿其数据处理的整个流程，并在其业务各个周期都做到个人信息保护；在数据义务上，要求数据控制者实施隐私影响评估、数据泄露预警、业务流程记录等管理机制；在监管体系上，设立欧盟数据保护委员会来确保GDPR执法过程的统一和连续；在治理架构上，要求各机构设立数据保护官来监管企业内部有关个人数据的处理是否合规。

在美国，个人数据治理是行业驱动和政府监管的多方博弈。美国政府支持市场自发调节，支持行业组织开展相关管理，发挥行业自律的作用。其主要特点包括：基于总体原则下的分散法律架构。美国并没有特定统一的个人信息保护法，仅在某些重点领域制定相应的法规，如《电子通信隐私法》《儿童网上隐私保护法》，以及《加州消费者隐私保护法案》等地方法规。行业自律扮演着更加积极的角色。通过"TRUSTe"等行业认证的方式，发挥行业自律作用，提升行业对用户个人信息的保护水平。美国联邦通信委员会负责电信用户的个人信息保护，而美国联邦贸易委员会负责互联网用户的个人信息保护，尽管两者在监管机制和监管手段上存在较多的相似点，但在某些环节上仍存有一定差异，需要根据不同情况分别应对。

在中国，近年来，全国人大及其常委会、网信办、工信部、公安部、工商局、银保监会、商务部、市场监管总局、最高法院、最高检察院等部门先后已经发布了一系列与个人信息和数据保护相关的法律法规（见表4.5）。

表4.5　中国个人信息保护相关法律法规

法律		
时间	文件名称	发布部门
2018年8月31日	《中华人民共和国电子商务法》	全国人大
2019年10月16日	《中华人民共和国密码法》	全国人大
2021年6月10日	《中华人民共和国数据安全法》	全国人大
2021年8月20日	《中华人民共和国个人信息保护法》	全国人大
决定		
时间	文件名称	发布部门
2018年12月28日	《关于加强网络信息保护的决定》	全国人大常委会

续表

部门规章		
时间	文件名称	发布部门
2000年9月25日	《互联网信息服务管理办法》	网信办
2013年9月1日	《电信和互联网用户个人信息保护规定》	工信部
2014年1月26日	《网络交易管理办法》	工商局
2015年9月15日	《寄递服务用户个人信息安全管理规定》	邮政局
2017年11月27日	《教育部办公厅关于全面清理和规范学生资助公示信息的紧急通知》	教育部
2018年5月21日	《银行业金融机构数据治理指引》	银保监会
2019年3月	《App违法违规收集个人信息自评估指南》	App专项治理工作组
2019年4月10日	《互联网个人信息安全保护指南》	公安部
2019年4月19日	《互联网个人信息安全保护指南》	公安部
2019年6月30日	《关于规范快递与电子商务数据互联共享的指导意见》	商务部
2021年3月15日	《网络交易监督管理办法》	市场监管总局
司法解释		
时间	文件名称	发布部门
2017年6月1日	《最高人民法院、最高人民检察院关于办理侵犯公民个人信息刑事案件适用法律若干问题的解释》	最高法院、最高检察院
2018年11月9日	《检察机关办理侵犯公民个人信息案件指引》	最高检察院
行业规定		
时间	文件名称	发布部门
2016年6月14日	《个人信息保护技术指引》	中国支付清算协会技术标准工作委员会

资料来源：作者整理。

2021年8月20日,《中华人民共和国个人信息保护法》正式通过。该法填补了国内缺乏个人数据隐私保护独立立法的短板，完善了数据保护法律体系，提高国内个人数据保护水平，也增强了与其他国家和地区在数据保护制度上的互操作性。

为配合《中华人民共和国个人信息保护法》《中华人民共和国数据安全法》的实施，相关机构制定了数据分级分类、重要数据识别等一系列文件。网信办发布《网络数据安全管理条例（征求意见稿）》，工信部发布《工业和信息化领域数据安全管理办法（试行）（征求意见稿）》《关于加强车联网网络安全和数据安全工作的通知》等文件，全国信息安全标准化技术委员会发布《汽车采集数据处理安全指南》《信息安全技术 汽车采集数据的安全要求（征求意见稿）》《网络安全标准实践指南——网络数据分类分级指引》等文件，从各自管理领域推动数据治理工作。

二、跨境数据治理

从跨境角度看，各国对数据治理的主张存在较大差异。

美国是以巩固和维护产业竞争优势为策略目标，主张个人数据跨境自由流动，其具体主张有以下几点。

第一，主张个人数据跨境自由流动，并利用自身数字产业优势引导全球跨境数据流动的政策走向。美国在信息通信产业和数字经济上具有全球领先优势，其对于个人信息跨境数据流动的政策意图集中在其制定的《跨太平洋伙伴关系协定》（TPP）中，即"在个人信息等合法公共政策目标得到保障的前提下，确保全球信息和数据自由流动，以驱动互联网和数字经济。不将设立数据中心作为允许 TPP 缔约方企业进入市场的前提条件,也不要求转让或获取软件源代码"。

第二,限制重要技术数据出口和特定数据领域的外国投资,遏制战略竞争对手发展,确保美国在科技领域的全球领导地位。美国的《出口管理条例》明确,美国的出口管制并不限于硬件的出口,还包括具体的技术数据,即受管制的技术数据"传输"到位于美国境外的服务器保存或处理,需要取得商务部产业与安全局(BIS)出口许可。

在外国投资审查方面,美国外资投资委员会(CFIUS)有权在必要时审查和限制广泛的投资交易和出口交易,建立多种机制来识别和保护关键的新兴技术,以保障美国的安全。改革后的《外国投资风险审查现代化法案》扩大了"涵盖交易"的范围,将涉及所谓"关键技术""关键基础设施"的公司以及外国人对保存或收集美国公民的敏感个人数据的公司进行非控制性、非被动性投资都纳入其审查范围。

第三,制定受控非秘信息(Controlled Unclassified Information,CUI)清单,界定"重要数据"范围及相应的管控措施。美国政府制定了 CUI 列表,详细列出了关键基础设施、国防、出口管制、金融、移民、情报、国际协议、执法、法律、自然和文化资源、北约、核、专利、隐私、采购和收购、专有商业信息、临时信息、统计、税收和交通等门类。这类数据可以视为美国政府识别的"重要数据",采取较为严格的管理措施。同时将 CUI 的传播范围分为七类:禁止向外国传播、联邦雇员专用、联邦雇员和承包商专用、不向承包商开放、受管制的开放列表、只允许开放给某些国民,以及仅显示。

第四，通过"长臂管辖"扩大国内法域外适用的范围，以满足新形势下跨境调取数据的执法需要。2018年美国议会通过的《澄清境外数据的合法使用法案》（CLOUD法案）扩大了美国执法机关调取海外数据的权力，同时为美国政府与其他国家签订双边条约设定了具体路径，仅允许符合条件的外国政府执法机构调取美国存储的数据。

欧盟是以高标准的个人信息保护为抓手，推动欧盟数字化单一市场战略，其主张有以下几点。

第一，确立并实施欧盟数字化单一市场战略，消除欧盟境内数据自由流动障碍。2015年6月，欧盟提出实施《数字化单一市场战略》，主要目的就是消除成员国间的管制壁垒，将28个成员国的市场统一成一个单一化的市场，推动欧盟数字经济发展。

第二，为了规范统一后的欧盟数字经济市场，欧盟通过了GDPR和《非个人数据在欧盟境内自由流动框架条例》。通过GDPR在成员国层面的直接适用，消除成员国数据保护规则的差异性，并实现个人数据在欧盟范围内的自由流动。《非个人数据在欧盟境内自由流动框架条例》则致力于消除各成员国的数据本地化要求，确保成员国有权机关能够及时获取数据，保障专业用户能够自由迁移数据。

第三，通过"充分性认定"，确定数据跨境自由流动白名单国家，推广欧盟数据保护立法的全球影响力。欧盟对列于白名单中的国家，不受欧盟个人数据跨境流动的限制。

第四，在遵守适当保障措施的条件下，提供多样化的个人数据跨境流动方式。在缺乏充分性认定的情况下，欧盟还为企业提供了遵守适当保障措施条件下的数据转移机制，包括公共当局或机构间的具有法律约束力和执行力的文件、约束性公司规则（BCRs）、标准数据保护条款（欧盟委员会批准/成员国监管机构批准、欧盟委员会承认）、批准的行为准则、批准的认证机制等。这些机制为在欧盟收集处理个人数据的企业提供了可选择的数据跨境流动机制。

第五，积极推进犯罪数据的境外调取。2018年4月，欧盟委员会提出了《电子证据跨境调取提案》。与美国的CLOUD法案类似，欧盟不以数据存储位置作为确定管辖权的决定因素，只要同时满足以下条件，欧盟成员国的执法或司法当局可直接向为欧盟境内的服务提供商要求提交电子证据。

印度实施本地化政策来促进本国数字经济发展，其主张有以下几点。

第一，实施数据本地化政策，促进本国数字经济发展。《印度电子商务国家政策框架草案》的前言部分明确提出，印度将逐步推进数据本地化政策，建立数据中心。印度并不想实施严格的"数据保护主义"，但又不能放任数据自由流动。基于此，《印度电子商务国家政策框架草案》列出了一系列数据本地化的豁免情形，比如初创企业的数据传输，跨国企业内部数据传输，基于合同进行的数据传输等都不加以限制。

第二，对个人数据实施分级分类，实施不同的数据本地化要求。在《个人数据保护法草案2018》中，印度将个人数据分为三种类型，分别为一般个人数据、敏感个人数据和关键个人数据。针对三种数据类型，实施不同的数据本地化和跨境流动限制。一是对于一般个人数据和敏感个人数据，草案要求这两类数据应当在印度境内存储副本，可以跨境流动。二是印度政府可以对一般个人数据进行清单化的豁免限制。三是关键的个人数据仅能存储在印度境内的服务器/数据中心，绝对禁止离境。

第三，支付数据强制本地化存储，促进印度银行金融业发展。印度中央银行要求所有在印度的支付企业都要将数据强制性存储在印度本地，并通过"控制"这些数据，以推动印度银行与金融业的发展。

在中国，近年来，全国人大常委会、国务院、中国人民银行、网信办等机关陆续出台了一系列与数据跨境传输相关的法律法规（见表4.6）。其中，与数据跨境传输直接相关的法规有两部，分别是《个人信息和重要数据出境安全评估办法》和《个人信息出境安全评估办法》。2021年10月，网信办发布《数据出境安全评估办法（征求意见稿）》，明确规定了需要申报数据出境安全评估的情形，特别是涉及重要数据和达到一定规模的个人信息，并规定了数据出境自评估和网信办评估的内容。

第一，根据《中华人民共和国网络安全法》，我国出境"数据"的管理范畴主要包括"个人信息"和"重要数据"。

在个人信息界定方面，美国、欧盟、新加坡、日本等普遍采用"可识别性"和"关联性"两项标准识别判定个人信息。目前，我国结合上述国际主流判定标准，已在《个人信息安全规范》等国家标准中明确提出"个人信息"的范围及定义。

在重要数据界定方面，各国尚未明确统一出境"重要数据"的概念范畴和分类列表。我国相关政府部门参考美国受控非密信息（CUI），研究提出了涵盖通信、金融、医疗卫生等重要行业和重要领域的数据外延范围。在此基础上，以保护国家安全和公共利益为基本原则，综合判定重要数据类型。

表 4.6 我国跨境数据流动相关法律法规

法 律		
时间	文件名称	相关条款
2017 年 6 月 1 日	《中华人民共和国网络安全法》	第 37 条、第 42 条
2021 年 6 月 10 日	《中华人民共和国数据安全法》	第 2 条、第 11 条、第 36 条、第 46 条
2021 年 8 月 20 日	《中华人民共和国个人信息保护法》	第 3 条、第 12 条、第 36 条、第三章
行政法规		
时间	文件名称	相关条款
2013 年 1 月 21 日	《征信业管理条例》	第 24 条
2017 年 3 月 1 日	《中华人民共和国档案法实施办法》	第 18 条
部门规章		
时间	文件名称	相关条款
2011 年 1 月 21 日	《人民银行关于银行业金融机构做好个人金融信息保护工作的通知》	第 6 条
2011 年 12 月 29 日	《关于会计师事务所承担中央企业财务决算审计有关问题的通知》	第 4 条
2014 年 8 月 20 日	《人口健康信息管理办法（试行）》	第 10 条
2016 年 7 月 27 日	《网络预约出租汽车经营服务管理暂行办法》	第 27 条
2017 年 5 月 19 日	《个人信息和重要数据出境安全评估办法（征求意见修改稿）》	—
2019 年 6 月 13 日	《个人信息出境安全评估办法》（征求意见稿）	—
2021 年 10 月 29 日	《数据出境安全评估办法》（征求意见稿）	

资料来源：作者整理。

第二，在适用范围上，国内外法规均强调属地管辖加域外适用。

在数据出境属地管理方面，《中华人民共和国网络安全法》和《个人信息和重要数据出境安全评估办法》都提到安全评估针对的是"境内运营中收集和产生的个人信息和重要数据"。在域外效力方面,《中华人民共和国个人信息保护法》突破了过去法律法规的效力范围,首次将我国的行政执法权推广到境外主体在境外的特定行为。

第三,对出境的判定。目前,对出境的理解存在逐渐拓宽的趋势。一是跨越地理国境是最广泛采用的判断标准。日本、新加坡、澳大利亚等国在有关法案中,均采取国家地理边域为标准,把"出境"定义为"数据转移至本国以外的地方"。二是数据接收主体的国籍逐渐成为判定标准之一。美国在关键敏感技术出口管理的法案中,明确将位于美国境内但被外国主体所控制的情形界定为"出口",这一判断标准同样适用于数据转移。目前,我国以国家地域为主要认定准则。

第四,对于数据跨境传输机制,我国的立场与部分发达国家针对跨境数据流动的议题仍然存在争议,主要涉及通过电子方式跨境传输数据的规则,美国等西方国家认为,我国过于宽泛的数据本地存储要求构成数字贸易壁垒。

专栏 4.1　跨境数据治理国际机制

在区域和多边论坛上,各国政府就推动跨境数据流动所涉及的各项政策议题展开了讨论,并达成了某种程度的协议。有关跨境数据流动的国际合作大致分为两部分:一是以 WTO 为代表的全球性国际合作框架及其制定的协议;二是以各自由贸易区或地区国际组织为基础的双边、多边或区域性国际合作框架及其制定的协议。

世界贸易组织(WTO)

WTO 有下列几项与数字贸易相关的协议:一是《信息技术协议》(ITA),该协议免除了计算和信息技术设备贸易的关税;二是《与贸易有关的知识产权协定》(TRIPS),该协定涉及诸如计算机程序之类的信息技术贸易有关的知识产权保护;三是《服务贸易总协定》(GATS),其中包含有关金融服务、计算机服务和电信的章节。但是,这些协议均尚未明确涉及跨境数据流动,以及其他与互联网关联的新兴产业。

WTO 已经启动一系列行动来讨论和协调跨境数据流动的国际协商与合作,最早于 1998 年就成立了"电子商务工作计划"。移动互联网兴起后,各国开始普遍意识到,电子商务(或称数字贸易)已经成为推动全球经济发展的重要力量。自 2016 年 7 月起,美国率先在 WTO 提交了全面讨论电子商务议题的提案,旨在推动WTO成员关注电子商务议题,扩大讨论范围,提升讨论层级。该提案以美国在《跨太平洋伙伴关系协定》(TPP)中总结的"数字24条"为核心内容,首次将跨境数据流动等新议题引入WTO。在2017年12月举行的WTO第11届部长级会议上,43个WTO成员发表了第一份《电子商务联合声明》,提出为未来WTO进行"与贸易有关的电子商务"谈判开展探索性工作。2019年1月25日,在达沃斯会议期间,包括中国在内的76个WTO成员发表了第二份《电子商务联合声明》,确认将启动与贸易有关的电子商务谈判,寻求在尽可能多的WTO成员参与的情况下,在现有WTO协定基础上达成高标准的电子商务国际规则。至此,在WTO启动电子商务规则谈判的政治共识在全球主要国家间已基本确立。2021年12月,86个WTO成员发布联合声明,电子商务谈判在八项条款(在线消费者保护、电子签名和验证、未经请求的商业电子信息、开放政府数据、电子合同、无纸化交易和开放的互联网访问)上已取得实质性进展,力争在2022年年底前达成协议。

《区域全面经济伙伴关系协定》(RCEP)

2012年,东盟发起RCEP,谈判历时八年,成员包括中国、日本、韩国、澳大利亚、新西兰和东盟十国共15个国家于2020年11月15日正式签署。

业界普遍认为,RCEP协定不仅能推动区域货物贸易发展,在数字贸易领域更能助力区域经济一体化升级和推动全球规则制定。考虑到数字贸易已经成为推动全球经济发展的重要因素，RCEP 协议明确，限制成员国政府对数字贸易施加各种影响，并在推动解决数据确权和认证、数字贸易规则的制定以及数字产品嵌入全球价值链方面发挥重大作用。不过，多数评论认为，RCEP 在数字贸易领域的突破有限。

《全面与进步跨太平洋伙伴关系协定》(CPTPP)

CPTPP 由日本、加拿大、澳大利亚、智利、新西兰、新加坡、文莱、马来西亚、越南、墨西哥和秘鲁 12 个国家于 2018 年 3 月 8 日正式签署。中国于 2020 年 11 月表示将积极考虑加入 CPTPP。

作为亚太地区首个大型自由贸易协定，CPTPP 具有较全面的条款和较高的约束力，成员国经济总体投射力较强，生效条件具有相对宽松、易行等几大特点。值得一提的是，在 CPTPP 最终版本中，完整地保留了"电子商务章节"（对数字贸易创建的数据提供广泛保护），更加看重贸易的数字性质，在合法公共政策目标得到保障的前提下，强调信息和数据在全球流动的自由，并未特意区分货物或服务贸易。同时，CPTPP 约定，缔约方不得将计算设施本地化作为允许缔约方企业进入市场的前提条件，并禁止缔约方要求转让或获取源代码，视此为保护知识产权和创新的必然要求。

《美墨加协议》(USMCA)

《美墨加协议》是加拿大、墨西哥和美国之间的一项自由贸易协定。它也被称为"北美自由贸易协议2.0",以便区分其前身《北美自由贸易协议》。这是北美自由贸易协定成员国在2017—2018年重新谈判的结果。美国、墨西哥、加拿大三国于2018年10月1日正式同意条款。

新协议强调了金融业的开放,更新后的金融服务章节包括对金融服务市场自由化的承诺,为美国金融机构、投资者以及金融服务跨境贸易提供公平的竞争环境;强调美国金融服务商获得国民待遇和最惠国待遇;限制金融监管者以访问数据为由,要求数据本地存储,禁止墨西哥、美国和加拿大实施数据本地化要求等。

APEC 跨境隐私规则（CBPR）

CBPR体系是APEC领导人于2011年批准设立的,是一个自愿参与、基于问责的促进APEC成员间数据流动的机制。CBPR体系要求愿意参与的APEC经济体必须加入《亚太经合组织跨境隐私执法安排》（CPEA）,至少拥有一个隐私执法机构,并向APEC电子商务督导小组（ECSG）提交包含以下内容的申请加入意向书:一是证明CBPR体系的原则在本国法律下是可执行的;二是确定能够执行CBPR体系的国内（隐私执法）机构;三是确定一个被APEC认可的第三方认证机构,认证机构可以是公共部门,也可以是私人组织。同时,申请者还必须完成CBPR执行图,用以详细说明国内隐私保护法规与APEC隐私框架的一致性,以及企业在境内外经营时如何执行相关规定。

CBPR体系的目的是为经济体提供基于APEC隐私保护框架的国际数据流动机制，即使数据接收方的数据保护水平不如数据输出方严格，获得CBPR体系认证的企业间也可以跨境转移个人信息。目前，有9个经济体加入CBPR体系，包括美国、墨西哥、日本、加拿大、新加坡、韩国、澳大利亚、中国台湾和菲律宾。

"隐私盾框架"

"欧盟—美国隐私盾框架"（EU-U.S. Privacy Shield Framework）（以下简称"隐私盾框架"）是由美国商务部和欧盟委员会为支持跨大西洋贸易共同设计的，在遵守欧盟数据保护要求的前提下，促进欧盟个人数据向美国转移的机制。根据欧盟《数据保护指令》的要求，欧洲法院明确了欧盟公民的个人数据必须在得到"充分保护"的情况下才能被传输到国外进行处理。欧盟《数据保护指令》要求不管是在欧盟内还是在欧盟外，其他国家对欧盟公民的个人数据都要提供基本同等的保护。换句话说，欧盟公民的数据隐私权在全球范围内有效。"隐私盾框架"本身不是双边协议，而是美国商务部发布的关于处理欧盟公民个人数据的原则清单。欧盟委员会认为这些原则可以有效保护公民的隐私数据，因此，美国公司能够通过加入"隐私盾框架"获得跨境转移欧盟个人数据的便利。

"隐私盾框架"运作机制的核心是美国机构通过自主认证承诺将遵守美国商务部指定的一套隐私保护原则，即"欧盟—美国隐私盾框架原则"。"隐私盾框架"包含7个原则、16项补充原则和1个附件（有约束力的仲裁）。虽然加入"隐私盾框架"是自愿的，但是遵守其原则要求是强制性的。加入"隐私盾框架"的企业必须达到以下要求：一是接受美国联邦贸易委员会、美国交通部或其他能确保"隐私盾框架"原则得到遵守的法定机构的监管；二是公示遵守"隐私盾框架"原则的承诺；三是公示符合原则的隐私政策；四是充分践行承诺和政策。

企业自被列入清单之日起，即可享受"隐私盾框架"机制的好处。加入"隐私盾框架"的企业每年需向美国商务部进行再认证。截至2020年年底，"隐私盾框架"认证企业有4 964家。美国商务部报道，"隐私盾框架"实施以来，参与企业超过5 300家，推动了7.1万亿美元的经济往来。

2020年7月，在SCHREMS II案中，欧洲法院裁定"隐私盾框架"协议失效，但将个人数据转移到第三国建立的数据控制者和/或处理者的标准合同（SCCs）仍然有效。

《数字经济伙伴协定》（DEPA）

DEPA由新西兰、新加坡和智利于2020年6月签署，可视为对WTO电子商务谈判、亚太经济合作组织（APEC）数字经济工作及其他国际论坛的补充。根据联合声明，DEPA是一项综合性、前瞻性的"拓荒者"协议，旨在解决数字经济中的关键问题。除了大多数数字贸易协定或自由贸易协定的电子商务章节包括票据电子化、无纸化贸易、贸易便利化等规定之外，DEPA还开辟了专门的模块，制定了有关数字系统中的信任机制和提升参与数字经济的机会的措施，包括推动人工智能伦理治理框架的适用，并提升数字包容和数字参与，鼓励各成员国在数字身份问题上的合作等。DEPA还向其他国家开放，欢迎其他志同道合的合作伙伴加入DEPA。

根据DEPA文本来看，不论是票据电子化、无纸化贸易还是电子支付，均涉及数据跨境流动问题；而人工智能伦理治理框架和在线消费者保护，更是涉及对个人数据的收集、处理，以及对隐私权的保护。数字贸易的主要壁垒是成员国之间不统一的数据跨境流动规则和不可预见的数据安全政策，DEPA等数据贸易协定在现阶段的核心任务就是使可信任的数据流成为可能。

中国于2021年10月宣布，决定申请加入DEPA。

第四节　数据的交易和共享

一、数据权益的界定和收益分配

数据作为一种新的生产投入或要素，主要具有三个特征：非竞争性（Nonrival）、外部性（Externalities）和部分排他性（Partial Excludability）。

非竞争性是指一方对数据的使用并不排斥另一方对该数据的使用，多方可以将同一数据集用于各种目的，而不会损失原始数据的功能，这意味着数据的回报与规模和使用范围呈正相关关系。

外部性又称为"隐私外部性"（Privacy Externalities），即一个个体分享隐私数据可能会影响其他个体的隐私权利。比如个人偿债能力评估很大程度上受其亲友关系的影响，面对信贷时，个体是否披露数据、选择披露多少数据，影响的不仅是自己的信用分数，亲友的征信因素也会因此受影响。这在一定程度上造成了隐私保护中的"公地悲剧"困局，即每个个体保护隐私相对收益过小，远不及拒绝分享隐私数据带来的不便。而如果该个体将隐私和盘托出，那么网络中的每个人都会受到影响。

部分排他性指在一个相互连接的系统中，对数据接入进行控制，意味着需要在安全方面进行长期的投入。如何让个人数据的收集者和处理者有动力投入资源去保护这些数据，需要有足够的机制安排来确保。

《中华人民共和国数据安全法》将数据界定为"任何以电子或者非电子形式对信息的记录",即包含电子数据和非电子数据。由于个人隐私保护需要,在实践中还区分个人数据和公共数据,公共数据又包括政府数据和商业(工业)数据。

借鉴欧盟数据权益界定经验,并立足于数据多主体和全生命周期,法学界一般认为,数据存在人格权、财产权和国家主权等多种权益。

一是个人数据之上个人数据主体的数据人格权益。个人数据可被视作数据主体的组成部分,彰显数据主体的人格利益,成为自然人参与社会交往的载体及个人人格表现和人格发展的工具。二是衍生数据之上数据处理者的数据财产权益。衍生数据是由个人数据或公共数据产生的匿名数据,其中的数据人格标识功能被消灭而不具有人格属性,使用价值和资源属性凸显属于财产范畴,衍生数据的关键点是经过再识别等还原技术手段不能准确映射到个人。三是个人或公共数据之上的国家主权或社会大众的公众利益。个人或公共数据积累到一定程度就会与国家主权或社会大众的公众利益直接相关,反映出数据集聚存在的风险。

一些学者提出新型权利理论,主张设立新型的数据财产权。即属于数据制造者对数据集合占有、处理、处分的财产权,或企业基于"数据池"形成的"抽象的集合性财产权利"。也有学者认为,数据权利应通过创设代码空间权解决,即赋予"代码空间主体对代码空间保持、利用、管理和控制的自由"。

数据在交易过程中还涉及收益分配问题。首先,数据收集过程中,个人数据主体作为原始数据的生产者和提供者,拥有个人数据初始权益定价权。数据处理机构提供服务并获得对个人数据的处理权能，个人提供个人数据作为享受数字化服务的对价，进而实现利益平衡的状态。通常情况下数据处理机构无须向个人数据主体另行支付数据使用费，但需要承担保护个人数据使用安全和个人隐私不受侵犯的义务。

其次，数据处理机构对收集的个人数据进行深度加工生成衍生数据并享有衍生数据财产权益，包括可决定衍生数据的使用并享有衍生数据产生财产权益的积极权能，以及可排除其他主体非法或不正当使用衍生数据行为的消极权能。需要指出，衍生数据虽然可能由个人数据处理得到，但个人并未参与数据处理过程，并且衍生数据已不能映射到个人，因此个人不享有衍生数据的财产权。

二、数据资产和定价

在数据产权界定的基础上，通过赋予数据可交易性，数据就变成了一种资产。数据资产的内涵非常丰富，既包括原始的个人数据和公共数据，还包括经处理的匿名数据，以及由此衍生出来的各种数据产品。数据资产的交易既可以通过单个数据提供者进行，也可以通过第三方"数据销售商"或数据交易平台完成。

数据资产由于其特殊性，表现出以下三种特征。一是数据资产的再生产边际成本接近于零。由于数据整合涉及对不同系统来源的数据信息进行大量的人工干预、翻译和融合，数据产品首次创作成本高，但根据摩尔定律，随着大数据技术的发展，数据资产的整合和储存等成本将进一步降低，数据资产产品的首次创作成本也将下降,而且数据资产的再生产边际成本接近于零。二是数据资产的价值具有较大不确定性。数据资产的价值与本身的体量、结构、时效性、整合程度之间存在一定的不确定性,与具体的应用场景相关。三是数据资产具有非标准性。使用者的目的、知识、能力、私有信息、已有的数据资产不同,会导致同样的数据资产对不同买方的价值差异很大,因此即使在同一时间、同一地点进行交易,对于不同的使用者数据资产的价格也可能不同。

数据资产的交易方式主要包括:捆绑销售、订阅和租赁、拍卖、平台交易等。由于数字产品的低复制成本和买方的异质性,对数字产品或服务进行捆绑销售十分普遍。订阅和租赁式交易方式适用于经过一定程度标准化后的数据信息服务,或者根据特定需求定制的数据信息产品服务。拍卖适用于有一定程度稀缺性、需求较高且难以定价的数据资产。通过平台交易数据可以促进消费者、企业之间的数据流通。根据交易方式的不同,现实中常用的数据资产定价方式包括预定价、固定定价、拍卖定价、实时定价、协议定价和免费增值等。此外,还有根据价格是否可变动划为动态价格策略和静态价格策略。

三、数据交易、流通和共享

数据的交易和流通由于涉及隐私保护、流通标准、共享平台等一系列问题,在实践中需要着重明确几个关键问题。一是数据流通的范围,哪些数据能够流通,以何种形式流通。个人数据包括个人、数据收集方、数据处理方等各方的责任。二是数据流通的标准架构。现实中企业 IT 基础架构多样化现象广泛存在,且不同行业、企业采用不同标准的虚拟化或容器化工作负载对工业数据进行采集、存储、交换等，导致数据"迁移"困难、"信息孤岛"等问题，因此需要建立标准架构或者保证互操作性。三是数据共享平台及机制，需要全套制度设计和安排。四是数据流动监管问题，实现对数据流通全链条的有效监管。

政府和相关机构作为引导和监管方，需要完善数据流通全链条规则，支持数据合理定价，提高数据流通和共享程度。首先，针对不同类别的数据，需要制定明确的数据质量标准规范，包括数据的完整性、系统性、正确性、时效性等，这在构建数据交易平台方面尤其重要。其次，构建统一的数据资产交易规则，包括数据交易平台设计、运营体系、数据定价、交易模式、交易准入机制，鼓励采取灵活的数据定价方式和交易方式，促进数据资产交易的规范化、透明化，防止由于垄断或信息不对称造成的定价歧视、虚假宣传、交易欺诈等问题。最后，重视数据交易中的安全和隐私保护。建立兼顾安全与发展的数据管理和保障体系，防止数据泄露、篡改和删除等，制定隐私保护规则，提高对隐私侵犯行为的处罚力度。鼓励通过隐私计算、联邦学习等技术手段，保护数据交易过程中的安全性。

从国内数据流通、开放和共享的具体实践看，有一些方面值得关注。数据分级分类方面，例如，《上海数据条例》规定，公共数据按照开放类型分为无条件开放、有条件开放和非开放三类。涉及个人隐私、个人信息、商业秘密、保密商务信息，或者法律、法规规定不得开放的，列入非开放类；对数据安全和处理能力要求较高、时效性较强或者需要持续获取的公共数据，列入有条件开放类；其他公共数据列入无条件开放类。非开放类公共数据依法进行脱密、脱敏处理，或者相关权利人同意开放的，可以列入无条件开放或者有条件开放类。

参与交易和流通的主体也需分级分类。以北京大数据交易所的实践为例，第一类参与方是一般法人；第二类是有一定公信力的机构，有条件开放数据；第三类则是持牌的专业机构，或者有公信力的政府部门，可获得高价值的数据使用权。

此外，交易流通中还需中介服务和技术体系，包括律师事务所、会计师事务所等中介机构，提供进场资质审核、数据清洗服务、算力支撑的第三方服务机构，以及包括联邦学习和多方计算在内的技术服务体系等。

从不同类型的数据看，流通和共享的侧重点有所不同。就个人数据而言，为了保护个人隐私，未经处理的原始个人数据一般要求禁止流通，除非用于监管等目的。但个人数据经济价值需要发掘和利用，在此背景下可参考欧盟经验，构建基于风险控制的匿名化数据流通规则：首先，借鉴数据安全规则，制定基于风险控制的匿名化标准，包括匿名化处理的手段、检验步骤、方法、对达不到匿名化数据的处理方式等；其次，加强匿名化数据的风险控制，明确个人数据流通过程中数据控制者的监督义务、行业内部的标准制定与监管、政府部门的执法以及隐私损害的救济措施等。

公共数据流通共享空间巨大。公共数据主要包括政府数据和商业数据（工业数据）。美国坚持政府作品无著作权，同时以信息自由法禁止政府作品的"准著作权"产权。欧盟认可政府数据著作权保护，但通过《公共部门信息再利用指令》建立政府数据公平获取模式，保障政府数据对所有人公平开放。我国也在积极推进政府公共数据公开共享。

在政府数据共享方面,可借鉴欧美经验,建立政府数据开放与共享的机制。首先,创设统一的政府数据许可协议,以类型化的方式提供给公共机构使用,提升政府数据开放与商业利用实效。同时完善政府数据安全和数据隐私立法,加强涉密信息与个人信息保护。其次,引进政府作品的概念,强化政府作品著作权保护。对于可以公开传播的政府数据原则上排除适用"准著作权保护",构造公平竞争的政府数据再利用的市场机制。

在工业数据方面,欧盟利用技术和标准手段在共享方面作出了有益尝试。德国于2014年年底正式提出"工业数据空间行动",旨在构建一个安全可信的工业数据交换空间。2019年4月发布国际数据空间参考架构模型3.0版,包含五层架构、三个维度。五层架构包括业务层、功能层、流程层、信息层和系统层,五层架构每层都考虑了具体的治理问题。三个维度包括认证、安全和治理。工业数据交换空间通过建立一种基于标准通信接口的方法来构建安全数据共享的虚拟架构,使用标准规则和公共治理模型来促进工业生态系统中数据的安全交换与便捷连接,同时确保了数据所有者的数据主权。此外,德国也鼓励企业探索利用区块链、开源等新技术,解决数据流通中的技术和标准壁垒,对数据权属界定、交易规则、定价模型等进行探索。

借鉴欧盟和德国的经验,可以探索构建我国工业数据流通共享生态。在分级分类管理层面,可鼓励各行业按照相关法律要求,结合行业特性、发展规律、数据特点等,制定符合产业发展要求的数据分级分类标准,为工业数据流通奠定基础。做好工业数据流通的顶层设计,包括可信认证、数权管理、数据质量、统一标准、安全保障和运行机制等。鼓励产学研用多方协同，加快数据流通相关标准的制定，发布具有可操作性的数据分类分级、脱敏处理等相关指引或标准，推动数据有序流通和共享。最后，建立相应的激励约束机制，鼓励第三方机构向中小企业开放数字共享服务，鼓励大企业向中小企业开放数据接口（API），通过产业链上下游的协同加快数据共享，提升数字化水平。

第五节　人工智能伦理和算法治理

人工智能系统能够检测大量数据中的模式和关系，从根本上提高预测的准确性并降低预测成本，进而提高生产力并刺激创新。算法依据数据开发，由计算机自动化运行一系列规则和指令，在数字经济的各个领域都有广泛的运用。然而，除了其巨大的优点之外，与以前的技术相比，人工智能——尤其是某些类型的机器学习——引发了新的担忧，算法带来的社会伦理问题和法律问题也日益突出。

第一，抽象的数学关系可能成为"黑匣子"，过于复杂，任何人都无法理解，即使是设计人工智能系统的人也很难理解。第二，一些人工智能系统会随着时间的推移迭代和进化，甚至能够以不可预见的方式改变行为。第三，特定的结果或预测可能只有在人工智能系统遇到特定条件和数据时才会出现，并不一定是可重复的。第四，公平性与人工智能系统所依赖的数据有关。机器学习算法重现了所使用的训练数据中隐含的偏见，例如，种族歧视、性别偏见甚至是不正确的刻板印象。第五，安全性和可问责。

概括而言，开发和部署人工智能工具将面临以下挑战，应对这些挑战，是人工智能算法治理的核心内容。

- 促进人工智能算法的透明度和问责制。

- 消除人工智能算法偏见和不同影响。
- 与博弈和对抗性学习相关的风险以及应对。

一、透明度、可解释和可问责

任何行政机构出台监管措施并进行管理都需要以透明度、问责制和给出理由为前提。当政府采取影响监管对象权利的行动时，它必须解释原因。

将算法决策系统置于有意义的问责制中会带来两个主要挑战：一是实现人工智能工具工作的透明度，二是选择最佳监管机制将该信息转化为所需的合规性。在任何决策环境中，透明度的黄金标准是对决策的"信息与逻辑来源"的完整说明，包括其输入、输出和驱动决策的主要因素。然而，人工智能工具的问题在于，机器学习模型通常是高深莫测的，即使是发明机器学习系统的工程师也可能并不了解它是如何得出特定结果的，或者无法分离出驱动模型预测的数据特征。人工智能的算法输出也通常是不直观的，因为大数据中的表面关系可能无法映射到对世界如何运作的常识性理解上。即使完全公开系统的源代码和训练集的大数据，甚至直接观察人工智能系统的操作，也不一定有助于可解释性或问责制的实现。

针对这些担忧，已经开始出现两种提高透明度的政策方法。一种思路侧重于如何混合解释模式以实现所需的透明度。具体来说，对特定决策的不完整说明可以通过对做出该决策的工具的"系统级"说明进行补充，包括数据描述、建模选择和驱动因素的一般描述。另一种思路则主张简化机器学习模型，使其更易于解释。基于该思路，政府可以出台限制使用的数据特征数量或彻底禁止特定工具或特定模型的政策。

即使人工智能系统可以变得透明，在选择可以将透明度转化为有意义的问责制的监管机制方面仍然存在巨大挑战。监管可以选择促进法律问责制（如对机构的行为进行司法上的检查）或政治问责制（如通过通知、评论或强制采用人工智能技术的机构进行"影响评估"，并向公众公开）的机制。监管当局也可以选择硬性规则，例如，禁止某些人工智能模型，或是使用类似药物批准的许可制度或认证要求，又或是允许受害方获得损害赔偿的责任规则。监管当局当然也可以选择较"软"的规则，例如，评估不同的人工智能算法并表达对特定算法工具的担忧，但不授予任何实质性的监管权力。如果选择硬性规则，监管当局可以选择将执法权委托给公共执法者，建立专门的人工智能监管机构。此外，监管当局还可以在人工智能模型运行之前选择事前监管，考虑类似药物监管的预先认证机制或禁止使用特定的机器学习模型类型，或者采用事后监管结果的方式，比如寻求损害赔偿的诉讼。

2021年4月，欧盟委员会发布了《人工智能法》提案，是国际上对人工智能进行横向监管的首次尝试。拟议的法律框架侧重于人工智能系统的具体利用和对相关风险的防范。建议建立技术中立的人工智能系统定义，并根据"基于风险的方法"对不同的人工智能系统进行分类，给予其不同的要求和义务。一些具有"不可接受"风险的人工智能系统将被禁止。"高风险"人工智能系统将获得授权，但要遵守一系列要求和义务才能进入市场。"有限风险"的人工智能系统将受到非常轻微的透明度义务的约束。

人工智能的监管面临不同层面的权衡，可能并不存在一个一劳永逸的方法。

首先，人工智能算法的监管必须取得问责制和功效之间的艰难权衡。对人工智能模型的选择施加约束，例如，限制数据特征的数量或禁止更复杂的建模方法，不仅会影响模型的可解释性与分析能力，还会影响人工智能模型的实用性，两者需要进行仔细权衡。

其次，透明度的利弊往往会因不同的治理任务和相关权益而异。在执法时，公开披露人工智能算法的规制可能会加速受监管方的规避和博弈，从而损害或破坏该算法的使用效用。虽然在特定的情况下，算法工具的完全开源作为一种问责措施是有意义的，但是这需要具体问题具体分析。

再次，有意义的问责制必须建立在可操作的透明度之上。如果缺乏算法系统所需的技术理解，那么了解算法系统的"内部结构"作用有限。同时，当数据和人工智能算法动态变化时，可操作的透明度也会随之动摇。

最后，人工智能算法的监管如何与其他数据披露法规相协同。个人数据往往受到个人隐私保护相关法律与法规的保护，而人工智能算法的监管需要一定程度的数据披露，因此在设计监管体系时需要注重法规的协调。

二、公平和避免偏见

人工智能工具越来越多地被采用，加剧了社会对人工智能算法的偏见。如果对人工智能算法的偏见不加控制，数字技术只会加深现有的不平等，还可能进一步加深社会歧视与偏见。

有充分证据表明，人工智能算法有可能加剧对特定群体或是弱势群体的偏见。从有关公平和机器学习的快速发展的文献中可以得出三个教训。一是机器学习对偏见进行编码的潜力很大。例如，由于劳动力的现有人口构成，基于神经语言程序的求职搜索引擎可能会对大学毕业生中的女性给予更差的评分。二是虽然已经提出了许多"公平机器学习"的潜在方法，但一个基本挑战是公平的不同概念可能相互不兼容。例如，在人口群体之间存在潜在差异的情况下，不可能同时均衡各组之间的假阳性率、假阴性率和预测奇偶性。三是考虑到人类决策本身往往是偏见的根源，关键问题仍然是人工智能辅助决策与人类决策相比是否偏见更多。

人工智能偏见的来源多种多样。例如，训练数据对人群覆盖不均衡。又如，一些系统可能会简单地复制人类决策中的现有偏见。当机构可能采用与评论相关的预测模型时，则此类决定可能会简单地编码现有机构的偏向。

对于采用人工智能技术的政府机构来说，应对这种形式的偏见将是一项重大任务。以美国为例，机器学习中新出现的共识是，随着特征集（模型中变量的数量）的增长，能够以极高的概率推断出受保护的特征，例如种族和性别。因此，"公平贯穿意识"，将是确保公平更有效的方法。由于没有公平性的措施，政府机构将不得不越来越多地参与评估在机器学习中暗含偏见的标准和方法，而这种判断可能会高度地局限于特定领域里。其次，人工智能决策工具的兴起将越来越多地挑战反歧视的传统原则。如前所述，随着数据训练集的增长，算法能够以很高的可能性推断出受保护的特征。这挑战了反分类原则，该原则认为法律不应根据属性（如性别和种族）对个人进行分类。总之，人工智能算法的监管机构没有建立系统性的机制来评估人工智能工具编码偏见。发展监管机构内部的能力来严格评估、监控和评估不同算法的影响，对于在政府行政机构中可靠地部署人工智能至关重要。

三、博弈和对抗性风险

人工智能算法治理的核心挑战是受监管方进行对抗性学习和博弈的风险。每当政府为以前的自由裁量决定带来更大的透明度时，这些决定就会变得更具博弈性，各方会调整自己的行为，以最大限度获得有利结果的机会，人工智能算法治理也不例外。在已知算法依赖于特定变量的情况下，受监管方可以操纵这些变量及其取值，以确保系统获得理想的结果。"对抗性机器学习"，或者说使用机器学习来欺骗算法模型，就会加剧这种政策博弈的风险。例如，通过更简单形式的对抗性机器学习，攻击者可以利用算法工具来获得有利的决定，而无须改变算法旨在测量的潜在特征。在极端情况下，被监管的目标甚至可以访问人工智能工具本身，并向其提供新数据以破坏其输出。

博弈和对抗性学习对算法治理工具的有效性具有深远的影响。政策博弈通常会降低人工智能算法系统的准确性和有效性。这种类型的政策博弈带来了深刻的分配问题。更富裕和更有技术能力的受监管个人和实体有更多时间、资源或专业知识来博弈甚至逆向机器学习算法系统，然后采取必要的规避行动来产生积极的决定并避免不利的决定。例如，对于证券监管来说，拥有更深层次的计算机科学家和定量分析师且规模更大、资源更好的公司可能比小公司更有能力对人工智能算法执法工具进行逆向工程并避免监管行动。鉴于这些挑战,行政机构需要注意开发和部署算法工具。算法模型的设计师必须考虑是否以及如何设计他们的模型以尽量减少博弈和针对性对抗的机会。

与此同时,宏观经济学家近来也密切关注人工智能的负面经济与社会影响(见表4.7),呼吁建立相应的宏观政策框架。

表4.7 人工智能的经济社会冲击

数据与信息控制	过度掌握和使用数据	平台公司通过掌握大量经济数据,包括消费者的隐私信息,可以通过对消费者进行更为精准的针对性定价,攫取更多消费者剩余。数据具有外部性,平台公司能够使用甲的数据来预测乙的行为或偏好,此时乙的信息价值没有内化到甲的数据价格中,导致平台公司能够以非常低的价格同时获取甲和乙的信息,并进行针对性定价
	数据集中与垄断	大型平台公司通过网络效应拥有海量数据和更强的数据分析与预测能力,展现出"赢者通吃"的特征,形成垄断
	行为操纵	平台公司可能通过个人数据与人工智能算法利用消费者的行为偏差,操纵与扭曲个人消费行为,获取不当利益
对劳动力市场的影响	过度自动化	自动化减少了劳动份额,降低了平均工资和就业。当资本和算法被运用于推理等更复杂的任务时,人工智能对劳动力市场产生的负面影响将比自动化所产生的正面影响更大
	技术变革方向	人工智能既可以创建新的就业机会,提高人类生产力,也可以替代传统就业方式,两种效应的相对大小取决于人工智能技术的变革方向
	认知判断	人工智能科技催生了人类与人工智能在不同任务处理上的分工,促进了人类生产力。然而当某些任务的处理存在范围经济特性时,如推理判断类工作的完成需要判断者综合多任务处理的信息,而人工智能科技所带来的过为细致的任务分工将有损综合性任务处理的生产力,甚至造成整体社会认知判断能力的下降
	过度监控	人工智能技术促使企业更多地使用人工智能技术监控员工,进而代替了效率工资等传统的激励手段。过度监控将进一步恶化收入分配并降低社会信任程度

续表

其他潜在成本	工资和不平等	人工智能技术提高了企业相对于员工的讨价还价能力，使员工在谈判中处于弱势地位，恶化收入分配
	人工智能武器	人工智能技术应用于武器系统会产生一系列社会问题和道德问题
	利益不一致	人工智能的利益可能与人类的利益产生不一致，尤其当人工智能发展到具有人类意识等更高级的阶段时
	国际监管协调	全球亟须新的国际安排来监测和协调全球人工智能的监管

资料来源：Daron Acemoglu（2021）。

专栏 4.2　人工智能的治理实践

世界各国、国际组织以及行业机构有关人工智能的治理政策实践主要集中在"软法"领域，通过设立道德准则引导人工智能企业健康发展。多数国家都在指导原则中明确人工智能发展需要以人为中心，并且希望通过提升对人工智能的信任增加人工智能的使用度，从而促进人工智能领域的发展。

欧盟

欧盟代表了人工智能伦理和治理领域的前沿力量，多举措推进人工智能伦理立法，在国际上处于领先地位（见图4.4）。早在2015年1月，欧盟议会法律事务委员会（JURI）就决定成立一个工作小组，专门研究与机器人和人工智能发展相关的法律问题。2016年5月，欧盟法律事务委员会发布《就机器人民事法律规则向欧盟委员会提出立法建议的报告草案》；同年10月，发布研究成果《欧盟机器人民事法律规则》。此后，欧盟委员会将"人工智能和机器人的伦理标准"等纳入2018年欧盟立法工作的重点，在人工智能和机器人领域呼吁高水平的数据保护、数字权利和道德标准，并成立人工智能工作小组，就人工智能的发展和技术引发的道德问题制定指导方针。

2018年3月，欧洲科学与新技术伦理组织发布《关于人工智能、机器人及"自主"系统的声明》，呼吁为人工智能、机器人和"自主"系统的设计、生产、使用和治理制定共同的、国际公认的道德和法律框架。2018年12月，欧盟委员会人工智能高级专家组发布了《关于可信人工智能的伦理准则（草案）》，提出人工智能道德标准建立的最终愿景，同时明确了可信人工智能在系统的全生命周期中需要满足合法性、合伦理性和稳健性三个条件。该准则还提出伦理准则确保可信人工智能的基础，并且明确实现这一目标的关键需求与配套方法，其中四条伦理准则包括：尊重人的自主性、预防伤害、公平性和可解释性。

2020年2月，欧盟发布《人工智能白皮书》，提出了人工智能"可信生态系统"，旨在落实欧洲人工智能监管框架，提出对高风险人工智能系统的强制性监管要求。2021年4月，欧盟发布《关于制定人工智能统一规则并修改欧盟立法行为的提案》，首次提出一套适用于政府、企业、用户等相关各方的人工智能法律框架，对人工智能技术采取考虑风险但总体审慎的方法，将人工智能技术可能带来的风险划分为不可接受、高、低、最小四个层级，等级越高的应用场景受到的限制越严格，以此保护公众日常生活和正当权利不受侵害。

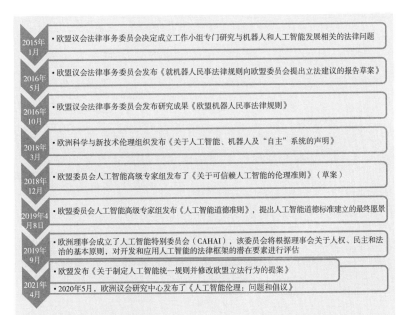

图 4.4 欧盟人工智能伦理规范

资料来源：作者整理。

美国

美国政府对人工智能治理没有一个统一框架，国家科学技术委员会、国防部等部门对人工智能治理均有相关政策，重点关注人工智能对国家安全、劳动力市场等的影响。

2016年10月，美国国家科学技术委员会发布《国家人工智能研发战略规划》，提出构建人工智能道德框架，包括提高可解释性和透明度、建立信任以及加强验证等。2017年7月，美国国土安全部发布《关键基础设施的人工智能风险》，指出人工智能最大的风险是大量的工作岗位流失、隐私问题、技术受限、意识的缺乏、安全和道德方面的缺陷。2019年

10月，美国国防部发布《人工智能原则：国防部关于道德使用人工智能的建议》，提出在国防领域使用人工智能技术应遵循负责、公平、可追溯、可靠、可治理五项原则。

2020年3月，美国通过《国家人工智能倡议法》，提出应重点关注人工智能对劳动力市场的影响，并制定人工智能最佳实践和标准。2021年10月，美国国家标准与技术研究院（NIST）发布《人工智能风险管理框架》草案，指导相关机构和企业在设计、开发和使用人工智能过程中的风险管理，提高对人工智能技术和系统的信任。同时美国多个州也在独立开展与人工智能相关的立法工作。2021年9月，加州立法禁止使用算法计算和管理物流仓库员工绩效。2021年12月，华盛顿特区、纽约市相继提出禁止公司和机构使用产生偏见或歧视性招聘或分配资源结果的算法。

其他经济体

除欧盟和美国以外，其他经济体在人工智能伦理和治理领域也做了很多探索。2017年3月，日本起草发布了《人工智能技术战略》。2019年2月，日本发布《以人为本的人工智能的社会原则》，提出包括以人为本、教育、隐私保护、确保安全等人工智能的社会原则，并提议在此基础上建立人工智能研发与利用原则。英国将伦理道德放在发展人工智能的核心位置，成立了数据伦理和创新中心，负责实现和确保数据的安全创新性应用，并合乎伦理。

2017年12月，法国发布《人类如何保持优势——算法和人工智能引发的道德问题》，强调将人工智能应用于人类服务时须遵循"忠诚原则"（算法和人工智能系统应忠实于用户）与"持续关注和警惕原则"（参与算法链的所有利益相关者需要处于对可能无法预料的后果的警惕状态）。2018年3月，法国发布《人类的人工智能》，提出建立一个道德框架来应对人工智能的挑战，包括人工智能对劳动力的影响、让人工智能更环保、促进包容性和多样性等。

2021年1月，英国人工智能委员会发布《人工智能路线图》，围绕四大维度提出16条建议，包括牵头制定标准实施数据治理、通过公众监督确保公众信任等。

学术组织和国际组织

在学术组织和国际组织层面，多个学术组织和国际组织倡导符合人类伦理道德的人工智能技术研发与应用，并建立专门机构研究人工智能的全球治理问题。

2017年1月，在阿西洛马召开的"有益的人工智能"（Beneficial AI）会议中，由未来生命研究所（Future of Life Institute）主持，近千名人工智能相关领域的专家联合签署了著名的《阿西洛马原则》，其倡导的伦理和价值原则包括：安全性、失败的透明性、审判的透明性、负责、与人类价值观保持一致、保护隐私、尊重自由、分享利益、共同繁荣、人类控制、非颠覆以及禁止人工智能装备竞赛等23条原则。

联合国教育、科学及文化组织下设的世界科学知识与技术伦理委员会（COMEST）历时两年完成《机器人伦理报告》，并于2017年9月发布，该报告建议制定国家和国际层面的伦理准则。

OECD于2019年5月正式通过了首部人工智能的政府间政策指导方针，具体内容包括促进包容性增长，人工智能系统设计应尊重法律、人权、民主价值观和多样性，有透明度和负责任的披露，在生命周期内稳健、安全运行，开发或部署人工智能系统的机构和个人应负责任等五项基本原则，以及促进人工智能研发投资力度等五项政府建议。OECD的36个成员国以及阿根廷、巴西、哥伦比亚、哥斯达黎加、秘鲁和罗马尼亚等国在部长理事会会议上联合签署了OECD《人工智能原则》。2020年6月，由OECD发起，加拿大、德国、法国等15个国家共同成立"人工智能全球合作组织"（GPAI）。GPAI旨在引导负责任地开发和利用人工智能，将围绕负责任地使用人工智能、数据治理、工作前景、创新与商业化四个主题召开工作小组会议。2021年6月，世界卫生组织（WHO）发布医疗领域人工智能伦理治理指南，概述了人工智能在医疗领域应用中的现状、存在的问题，并提出了相关建议。

2019年6月，二十国集团（G20）在日本筑波市举行的部长级会议上表决通过了一份《关于贸易和数字经济的G20部长声明》，并提出"G20人工智能原则"，包含"可信人工智能的负责任管理原则"和"实现可信人工智能的国家政策和国际合作的建议"两个部分。"G20可信人工智能的负责任管理原则"包括包容性增长、可持续发展和福祉、以人为本的价值观、公平和透明度、可解释性、稳健性、安全性以及问责制。

2021年11月，在联合国教育、科学及文化组织第41届大会上，193个成员国通过了首份全球人工智能伦理建议书，该建议书明确规范人工智能技术的十大原则和11个行动领域，用以指导建设必需的法律框架来确保人工智能健康发展。

行业协会和企业

各国行业协会也在人工智能治理中发挥重要作用。2016年4月，英国标准行业协会发布业界首个关于机器人伦理设计的公开指标，即《机器人和机器系统的伦理设计和应用指南》，旨在保证人类生产出来的智能机器人能够遵守人类社会的道德规范。

全球最大的专业学术组织——电气和电子工程师协会（Institute of Electrical and Electronics Engineers，IEEE）于2016年启动了"关于自主/智能系统伦理的全球倡议"，其发布的"人工智能设计的伦理准则"于2017年迭代到第二版。在以上工作的基础上，2019年3月，IEEE发布更新的《符合伦理的人工智能道德准则》，该准则建立在基本人类权利、政治自治和数据代理、技术可靠性三个支柱上，并提出了人权、福祉等八项基本原则。

美国计算机协会（Association for Computing Machinery，ACM）提出的算法透明和可问责性等七项原则，负责任地发展人工智能的蒙特利尔宣言，全球服务业工会（UNI Global

Union）提出的人工智能十大原则等也代表着类似的人工智能伦理思考。

在企业层面，微软、国际商业机器公司（IBM）、英特尔（Intel）、谷歌等企业相继发布人工智能伦理道德原则，并成立人工智能伦理委员会，共同致力于人工智能伦理道德的研究。微软发布《人工智能原则》，鼓励制定最佳实践伦理准则。IBM很早就成立了伦理审查委员会。英特尔发布《人工智能公共政策机会》，负责任地促进数据获取，重新思考隐私、公平信息实践原则，符合伦理的设计以及可问责性原则。谷歌DeepMind团队成立人工智能伦理部门，在加强人工智能技术研发和应用的同时，也将伦理等人工智能公共政策提上议程，负责任地研究和部署人工智能。亚马逊、微软、谷歌、IBM、Meta和苹果联合建立了人工智能行业联盟，共同研究和制定人工智能技术的最佳实践。

从国际实践来看，各国对人工智能伦理和治理有以下特点和趋势。一是逐渐从原则上升到立法层面。欧盟在人工智能立法方面行动较领先，美国、英国等国也在积极跟进。二是更关注以人为中心的治理。人工智能技术在本质上仍是要为人类服务，各国普遍把人类福祉作为人工智能治理的关键点。三是利益相关方广泛参与形成多方共治局面。人工智能伦理治理涉及政府、企业、行业协会、用户等诸多主体，需要做好各方利益平衡。四是对人工智能风险认识和管理更加明确。各国对人工智能风险认识是逐步深入的，一些国家在此基础上对人工智能采取基于风险的分级、分类治理模式。

中国实践

我国在人工智能伦理规制方面也做了诸多努力。2017年，国务院发布《新一代人工智能发展规划》，明确要从法律法规、伦理规范、重点政策、知识产权与标准、科学普及等方面为人工智能发展提出保障措施。2019年，科技部牵头的国家新一代人工智能治理专业委员会（以下简称"专委会"）发布《新一代人工智能治理原则》，提出了人工智能治理的框架和行动指南。2021年9月，"专委会"发布《新一代人工智能伦理规范》，伦理道德融入人工智能全生命周期，为从事人工智能相关活动的自然人、法人和其他相关机构等提供伦理指引。

从《新一代人工智能治理原则》发布至今，我国在法律政策层面，相关部门发布了多项法律法规为人工智能治理划定"红线"。2021年1月实施的《中华人民共和国民法典》对个人信息保护、人工智能换脸、变声侵犯肖像权等内容做出明确规定。随后，人工智能相关的专门法规也开始出台，《网络安全审查办法》《中华人民共和国数据安全法》等法规相继制定，《中华人民共和国个人信息保护法》于2021年8月通过，这些法律法规都涉及人工智能数据、算法等方面的治理。工信部等部门相继印发《智能网联汽车道路测试管理规范（试行）》《关于加强智能网联汽车生产企业及产品准入管理的意见》，对自动驾驶中人工智能技术的使用做了相应规范。网信办等部门发布《关于加强互联网信息服务算法综合治理的指导意见》《互联网信息服务算法推荐管理规定》《互联网信息服务深度合成管理规定（征求意见稿）》等文件，规范互联网信息服务算法服务和推荐。

第五章
数字经济治理的核心议题(下)

数字经济及其新业态的快速发展，亦衍生出诸多令人担忧的宏观治理问题。这些问题并不局限于数字业态本身，而是覆盖更加广泛的行业，并超越地理国界，如社交媒体与虚假消息、数字产品与知识产权保护、平台企业与市场竞争、数字经济与全球税收治理，等等。在第五章中，我们将着眼于上述更宏观的数字经济治理核心议题，梳理中外治理实践与经验，以期为未来数字经济的发展提供思考和借鉴。

第一节　社交媒体

社交媒体的快速发展深刻地改变了人们的社交方式和信息传播方式，在带来便利的同时也暴露出许多问题，例如传播虚假信息、散布促进仇恨言论，以及对个人的骚扰等。此外，社交媒体平台的网络外部性往往使其走向自然垄断，在过去良性竞争的环境中，用户有能力离开那些充斥着虚假信息和仇恨言论的平台，而平台垄断则几乎剥夺了用户选择的权利，这也在一定程度上加剧了公众的忧虑。

以新闻产业为例，社交媒体的出现，取代了主流媒体的主导地位，随着平台用户持续增长，社交媒体正在迅速生产和聚合新闻内容，并逐渐垄断了新闻市场。从中国的数据看，各平台公布的月活跃用户数量，如微信（12.13亿）、QQ（6.17亿）、快手（7.76亿）、抖音（5.5亿）和微博（5.11亿）等平台的日活跃用户数量已经可以覆盖中国的大多数人口。部分社交平台通过算法推荐符合受众偏好的新闻类消息，有效地利用了过去吸引读者注意力的手段，以往多元分散的信息和观点被社交平台算法所垄断。

平台推送算法暴露出诸多新问题。一方面，算法的目的是使受众在平台上的时间最大化，但很少关注内容的质量，导致平台内容良莠不齐。另一方面，这种推送是个性化的，可能会促使受众分裂成不同立场的小团体，被困在各自的信息茧房内，不同团体间相互沟通理解的可能性下降。

在新冠病毒肺炎疫情暴发期间，就暴露了社交媒体垄断新闻市场带来的问题。在疫情暴发早期，这种未知且致命的疾病引发了公众恐慌，由于公众对网上虚假信息的反应几乎是被动的，所以出现了大规模的"信息流行病"。世界卫生组织将"信息流行病"定义为"线上线下过多的信息——有些准确有些不准确，使得人们在有需要时难以找到可信赖的消息源和可靠的指导"，这包括宣传反疫苗和反口罩的视频、推动"奇迹疗法"的网站等。这些虚假信息放大了焦虑、恐慌等负面情绪，造成了群体极化和社会心态失衡，甚至掀起了舆情风波，并激起社会冲突。

实际上，作为商业公司，社交媒体平台在限制虚假信息方面缺乏动机。因为数字平台的目标是最大限度地提高参与度，而极端和促进对立的信息在平台上容易激发用户参与，从而使平台获益。例如，在2015年美国总统竞选期间，脸书内部讨论过是否应当限制唐纳德·特朗普（Donald Trump）发表的仇恨言论，但是因为具有新闻价值而放弃了对其言论的限制，推特（Twitter）同样遵循了这一策略。

平台也缺少提高新闻质量的经济激励和法律约束，主要国家对于社交媒体是否需要对平台上的内容负责，目前尚未形成定论。例如在美国，《通信规范法》第230条规定，"交互式计算机服务的提供者或使用者不得被视为另一信息内容的发布者或发言人。"这意味着数字平台对平台上的内容不承担任何法律责任，只有内容原作者对内容负责。

同时，当社交媒体开始对平台上的内容和信息进行判断，并采取行动时，也引起了一定争议。2021年美国国会大厦遭冲击事件后，推特、Meta 和 YouTube 等众多社交媒体先后以"煽动暴力"为由，限制或永久封禁特朗普的账号。人们也在反思，私营企业是否有权利根据自己的公司法规审查并限制平台上的内容？

推特永久禁封特朗普账号之后，德国总理安格拉·默克尔（Angela Merkel）的发言人表示，推特对特朗普的言论发出警告是正确的，但是彻底封杀却"有问题"。默克尔认为，完全关闭一位民选总统的账号是有问题的，言论应当在立法机构规定的框架内被监管，而不是仅根据某家公司的决定。根据美国最高法院大法官奥利弗·温德尔·霍姆斯（Oliver Wendell Hdmes）1919年提出的著名言论自由标准——"明显而即刻的危险"原则——来看，特朗普的言论是否应当被限制尚存在争议，而社交媒体基于自身潜在的利益、政治立场和判断就采取了行动。一些人认为，社交媒体在限制言论方面拥有自由的定义权、裁量权和解释权是非常危险的。

目前，主要国家和国际组织已经着手加强社交媒体的规范化管理，限制社交媒体的审查权。欧盟在这方面进展较快，欧盟委员会 2020 年 12 月推出了《数字服务法》，针对平台上不违法但有害的内容，《数字服务法》认为应当在充分尊重言论自由的情况下，采取措施删除或鼓励删除。如果内容被删除，需要向上传该内容的人提供解释。在线平台还必须公布删除和禁用的非法内容、违反条款内容相关的详细报告。欧盟委员会还将对大型平台的风险管理进行监督、评估和独立审计，以降低平台在基本权利保护、公共利益、公共卫生和公共安全方面的风险。在这些方面，包括如何定义"有害内容"，欧盟委员会还将利用共同的监管框架，进一步出台相关的行为守则和信息指南。

美国关于社交媒体的治理则主要集中在虚假消息和国家安全领域。2016年年底，美国时任总统奥巴马签署的《反外国宣传与造谣法案》（Countering Foreign Propaganda and Disinformation Act）生效，该法案提出要在美国国务院建立信息分析和响应中心，领导和协调对外国政府的政治宣传信息的收集与分析，并且将此项工作纳入国家战略的制定。

中国日益重视社交网络的治理。2017年修订的《互联网新闻信息服务管理规定》扩大了管理范围，将论坛、博客、公众号等新的新闻发布形式也纳入管理，同时提高了申请提供互联网新闻信息服务的许可门槛。2021年1月8日，《互联网信息服务管理办法（征求意见稿）》公开征求意见，与2000年的《互联网信息服务管理办法》相比，该征求意见稿扩大了互联网信息服务的概念，结合互联网发展中出现的新问题增加了新的禁止性规范。例如第二十五条中指出，任何组织和个人不得以营利为目的或为获取其他非法利益，在明知是虚假信息的情况下发布或者有偿提供信息发布服务。

关于社交媒体的治理需要各方通力合作。社交平台即使花费了数千万美元进行虚假信息研究，追踪并屏蔽不良信息，也难以解决问题。这种防御性措施很难应对日益增长的虚假信息威胁，一个平台标记或删除的内容可能会留在另一个平台上。对社交媒体的内容治理任重而道远。

第二节 知识产权保护

进入数字经济时代,加强对知识产权的保护,其重要性不言而喻。数字产品可以零成本复制,并且具有非排他性。这意味着它们可以被无限的人同时消费而不会失去效用。为了确保生产商获得收益,严格和可执行的知识产权保护十分重要,这可以增加一个国家对数字经济和数字公司的吸引力。

原则上,加强知识产权保护应该刺激技术转让,但对国内创新的影响效果并不明确(Hall,2020年)。Hall(2014年)回顾的实证研究发现,知识产权的实施与通过外国直接投资渠道进行的技术转让之间存在正相关的关系,尤其是在吸收能力和模仿能力足够强的东道国。就国内创新而言,知识产权对经济增长的作用受多种因素影响,包括国家的研发能力、人均财富、机构的性质和效力、发展阶段和经济波动(Gold、Morin和Shadeed,2019年)。

一、知识产权

在数字经济中,知识产权保护的形式包括专利、商标和版权、著作权、商业秘密、防止规避技术保护措施或删除数字版权管理信息的法律保护等。

一些研究发现,使用了数字技术的产品,其复杂性导致了专利丛林（Patent thickets）的出现，Shapiro（2000 年）将其定义为"一个公司为了真正实现新技术的商业化，必须攻克重叠知识产权的密集网络"。据估计，智能手机拥有 25 万项专利（Wagner，2015 年）。从理论上讲，专利丛林可能会产生扼杀创新的不利影响，不过，实证研究的结果并非都支持这个观点，例如，在 1980—1999 年对 121 家上市软件公司的抽样调查中，Noel 和 Schankerman（2013 年）发现，专利权的碎片化程度越高，市场价值越低，获得专利权和研发的水平越高。

版权法在数字市场中也尤为重要，因为数字产品可以零成本复制（Goldfarb 和 Tucker，2019 年）。经济史文献表明，版权可以提高创造性产出的质量。但网络服务提供者因其中介地位会引发承担责任的风险，减免其责任成为各国的通行做法，例如，美国于 1998 年通过的《千禧年数字版权法》（Digital Millennium Copyright Act）、德国于 1997 年生效的《规定信息与通信服务一般条件的联邦立法》（Federal Act Establishing the General Conditions for Information and Communication Services）、欧盟在 2000 年制定的《电子商务指令》（Directive on Electronic Commerce）等。其中，美国《千禧年数字版权法》首次规定了"避风港"制度，该制度规定了网络服务提供者在符合一定要求时可以享有责任限制，"通知"规则是该制度的重要适用条件。

开源软件是一种数字公共产品，其知识产权保护旨在保持项目的非排他性（Tirole，2017 年）。例如，Linux 操作系统运行的通用公共许可证，虽然用户可以自由地复制、更改和分发，但是不能对进一步的分发施加任何限制，并且必须保证源代码可用。也就是说，他们有义务确保社区从任何修改版本中获益。由于开源软件的非竞争性和非排他性，以及新代码的即时在线可用性，高质量的开源贡献可以在短时间内被广泛采用。

由人工智能创作的音乐、软件等作品版权或专利权的归属问题，从本质上涉及人工智能是否和人类享有同等法律地位的问题。而一旦明确了人工智能创作作品的版权或专利权，相关作品的侵权行为界定、损失赔偿等一系列问题也将迎刃而解。尽管目前世界上大多数国家规定计算机不能拥有版权或专利发明权，但是2021年以来，澳大利亚、南非等国家已开始支持人工智能作为专利发明人。近期，英国、加拿大等国家已就人工智能作品相关版权或专利权问题征求公众意见，并提出了根据人工智能参与创作的程度决定作品版权或专利权归属的方案，目的是在人工智能与人类创造力间保持平衡。

二、数据权利

关于是否将数据权利纳入知识产权保护体系，是一个重要的话题，在学界也存在不少争论。

将数据引入司法实践中已发生的具体权利保护方式，主要是以著作权和商业秘密保护数据权益。数据库作品是与数据信息最为接近的著作权客体。例如，中国的著作权法规定，汇编作品是在选择或者编排中体现独创性的作品集合或其他信息集合。该规定与《世界知识产权组织版权条约》（WCT）第5条规定和《与贸易有关的知识产权》（TRIPS协议）第10条第2款的规定实质相同。对于不能单独构成作品的信息、数据或其他材料，如果其在编排上符合独创性要求，则可以纳入著作权所保护的汇编作品范围，这一规定使著作权保护在理论上延及数据。

关于数据的知识产权讨论集中在大量的工业数据上，这些数据既不受传统知识产权法保护，也不受（个人）数据保护法保护。为了保护此类数据，一个明显的选项是数据库保护。然而，法律从业者经讨论后一致认为，这个解决方案不适用于此类数据中的大多数数据，以欧盟为例，对数据库的保护只限于保护对数据库中现有数据的投资，而不保护对生产数据本身的投资。因此，受到法律保护的是数据库，而不是数据本身（Herbert Zech，2016年）。

如果将数据作为商业秘密进行保护，则可以将其纳入《反不正当竞争法》的规制范围。例如，我国《禁止网络不正当竞争行为规定》公开征求意见稿中规定，"经营者不得利用技术手段，非法抓取、使用其他经营者的数据，并对其他经营者合法提供的网络产品或者服务的主要内容或者部分内容构成实质性替代，或者不合理增加其他经营者的运营成本，减损其他经营者用户数据的安全性，妨碍、破坏其他经营者合法提供的网络产品或者服务的正常运行。"我国《反不正当竞争法司法解释》征求意见稿也有类似规定。

但值得注意的是，商业秘密保护并未赋予商业秘密专有的财产权，而是仅保护数据免受某些盗用行为的侵害。因此，如果数据遭遇泄露，数据持有者无法通过主张专有财产权来阻止第三方使用该数据（Michael Dorner，2014年）。

关于是否将知识产权引入数据权利体系，应当从知识产权是否能够有效保护和激励数据市场的发展这一角度出发来考虑。为了评估政策效果，应考虑两个要素：一是政策措施将引起预期的行为变化，二是该变化将影响政策目标的实现（Kim，2018年）。因此，分析必须包含技术和市场变化带来的新情况是否需要引入新的数据知识产权。按照引入知识产权的经典理由，有两个主要问题：一个与创造激励有关；另一个与市场资源的有效利用有关，即改善市场运作而创造产权（Ivan Stepanov，2019年）。

有学者认为，由于数据的简单收集和整理与知识产权所保护的客体所体现的"独创性"相去甚远，所以现有的知识产权法律框架无法兼容数据上附着的隐私权利，对不具有独创性的数据的保护，应纳入"信息产权"框架（钱子瑜，2021年）。我国第一起数据财产权益纠纷是发生于2008年的"大众点评诉爱帮网案"，当大众点评发现爱帮网在未经许可抓取其可公开获取的餐厅点评数据并放置于后者网站供客户使用时，便以著作权侵权为由向法院提起诉讼。对此，一审法院认为，原告网上的餐厅简介与用户点评数据在整体上构成汇编作品，所以判定被告成立著作权侵权。然而，二审法院则持相反意见，认为用户点评数据不具有独创性，不构成作品；同时原告对餐厅简介与用户点评数据的编排方式亦不具有独创性，不构成汇编作品。

也有学者从经济学角度论证了企业数据不应被赋予知识产权（Wolfgang Kerber，2016年）。Wolfgang Kerber认为，对数据设立知识产权会不利于数据共享，从而对数据市场造成负面影响；设立知识产权也不利于数据所产生的利益分配，从而出现新的问题。他指出，没有令人信服的论据来说明在数据上引入专有知识产权的任何显著的好处，反而数字经济和大数据本身的进一步发展可能会受到此类知识产权的阻碍。不过，他同意对数据的使用作出一定的限制性规定。

从经济学的角度来看，数据持有者对实际持有的数据拥有一系列的权利，例如存储、使用和出售数据的权利，以及数据的控制权，阻止他人破坏、盗用或损害数据的权利。基于此，可以讨论某种"数据权利"和数据"所有权"，但这种"所有权"是非排他性的。

是否将数据保护纳入知识产权法律体系，学者们虽然存在争议，但亦有以下共识：数据的原创性不足，使其与传统知识产权的保护对象有着本质的区别，因此现有模式下对著作权、专利权、商业秘密的保护，无法对标到数据上，现有知识产权法律体系也无法为数据提供最佳保护。然而，是否要为数据建立新的知识产权保护，需要考量知识产权保护路径是否会限制数据共享，是否会对数据经济的创新产生负面影响，等等。

第三节　竞争政策和反垄断

市场经济能够有效配置经济资源，增进社会整体福利的制度基石是企业间的竞争。企业为了追逐利润，会以更好的产品、更低的价格参与竞争，从而占领市场。但企业追逐利润也会使用不正当的竞争手段，而不正当的竞争手段之源就是市场垄断。为了保护市场经济的基石——企业竞争，政府需要出台一系列反垄断的法律与法规来规制企业垄断，保护市场经济的竞争秩序。

如前文分析，数字经济时代的垄断与以往的经济时代相比更加严重，在平台经济、网络效益和范围经济的共同作用下，企业的集中度明显上升，数字"明星企业"主导了全球创新、市场和利润。竞争政策和反垄断是数字经济治理最核心的内容之一。

早在 1890 年美国就通过了《谢尔曼反托拉斯法》（Sherman Antitrust Act），此后又在 1914 年发布《克莱顿法》和《联邦贸易委员会法》（Trade Commission Act），形成了一套较完备的反垄断和竞争政策体系。欧盟的竞争政策萌芽稍晚，伴随着 20 世纪 50 年代欧洲一体化的特定历史进程，其竞争政策逐渐产生并演进，其基础是 1957 年的《欧洲经济共同体条约》中关于竞争的规则。2020 年 12 月，欧盟公布《数字服务法案》（The Digital Services Act）和《数字市场法案》（Digital Markets Act），这是欧盟近 20 年来在数字反垄断领域的重大立法，明确数字服务提供者的责任并遏制大型网络平台的恶性竞争行为。

一、美欧反垄断的"前世今生"

从历史来看,美国引领了全球的反垄断浪潮。历史上第一次反垄断浪潮始于美国资本主义经济狂飙突进的镀金时代,在美国进步主义时代不断演进,在罗斯福新政中趋于完善。1890年的《谢尔曼反托拉斯法》是美国开启反垄断浪潮的标志性法案,1914年出台的《克莱顿法》和《联邦贸易委员会法》继续完善了反垄断规制。标准石油公司的拆分是一个标志性事件。

19世纪70年代成立的标准石油公司在短短20年里迅速扩张,占据了美国石油行业九成以上的市场份额。1902年,艾达·塔贝尔(Ida Tarbell)在《麦克卢尔》(*McClure's Magazine*)杂志上发表了名为《标准石油公司的历史》的15篇连载文章,全方位呈现了标准石油公司排挤竞争对手、非公平竞争、勾结政客,甚至影响司法流程等行为。1904年,依照《谢尔曼反托拉斯法》,美国联邦政府发起了对标准石油公司的垄断调查,在经历了6年旷日持久的诉讼之后,1911年,美国最高法院判定标准石油公司是一个垄断机构,应予拆散,这个"庞大石油帝国"被分拆成30多个公司。

第二次世界大战结束后,美国已经确立了较为完善的反垄断法律体系,控制了卡特尔、托拉斯等反竞争的组织形式,限制了通过企业并购等方式获得市场垄断地位,有效地促进了市场竞争。美国的反垄断监管由美国司法部下辖的反垄断部门与联邦贸易委员会负责。此间标志性的反垄断事件是AT&T公司的拆分。1984年,美国司法部依据第一次反垄断浪潮时所确立的《反托拉斯法》拆分了AT&T公司,分拆出专营长途电话业务的新

AT&T 公司和 7 个本地电话公司，即"贝尔七兄弟"，美国电信业从此进入了竞争时代。

20 世纪 70 年代，支持自由放任主义，反对政府监管的"芝加哥学派"开始崭露头角，逐渐在经济学界与法理学界占据主流话语权，罗纳德·威尔逊·里根（Ronald Wilson Reagan）与玛格丽特·希尔达·撒切尔（Margaret Hilda Thatcher）执政之后，在美国与英国推行了以去监管和私有化为核心的自由放任的经济革新。20 世纪 80 年代，以信息技术为标志的第三次产业革命拉开帷幕，催生了微软、英特尔等大型科技公司。自由放任的经济意识形态认为，信息时代的垄断是由企业更为先进的技术所导致的，换言之，市场份额的集中是企业间竞争的结果，诞生于大工业时代的反垄断规制将不再适用于信息时代。在科技革命与自由放任的意识形态的共同作用下，反垄断规制陷入低潮。

21 世纪以来，以数字经济和人工智能为代表的产业革命接踵而至，在美国形成了以"FAANG"［脸书（于 2021 年 10 月更名为 Meta）、苹果、亚马逊、奈飞（Netflix）、谷歌］为代表的超级数字科技公司。这些科技巨头依靠平台优势迅速占据数据资源，并将积累的数据优势与科技优势拓展到广泛的业务领域，获得强大的竞争优势。

在 2010 年、2015 年和 2016 年，欧盟委员会三度对谷歌发起反垄断调查，并分别于 2017 年 6 月、2018 年 7 月和 2019 年 3 月对谷歌处以 24 亿欧元、43.4 亿欧元以及 14.84 亿欧元的罚款。

2020 年 10 月 6 日，美国国会众议院司法委员会反垄断小组委员会发布了《数字市场竞争调查报告》(Investigation of Competition in Digital Markets)，指出苹果、亚马逊、Meta 和谷歌四大科技巨头存在垄断行为，阻碍了行业市场的创新与发展，损害了消费者的利益。

对这些平台企业开展反垄断调查，并不仅仅是因为其在各自细分市场拥有的支配地位或市场势力，而主要是相关的各类垄断行为，如滥用市场进行不合理的屏蔽、歧视或劫持行为（包括限制交易）；可能扼杀未来竞争或阻碍市场进入的先发兼并行为及垄断势力的跨界传导；尚不明确的滥用用户数据和人工智能算法，实施不合理的歧视或达成垄断协议等。

从调查结果来看，美国四大科技巨头分别在不同市场中存在垄断地位。其中，谷歌被指在搜索结果中优先展示自己的产品来打击竞争对手；而亚马逊作为最大的在线零售商，拥有领先的电子商务市场优势，以此来阻碍潜在的竞争对手；苹果被指垄断了其产品的应用市场，从应用开发者的销售中抽取过多的佣金；脸书被批评为了维持和扩大垄断地位，时常采取收购竞争对手，甚至通过复制竞争对手服务等手段以达到商业目的。

2020年12月，欧盟委员会提出《数字服务法案》提案，为数字服务提供商设定一系列的义务，包括透明度要求和问责机制等，以应对销售假冒产品、传播仇恨言论、网络威胁、限制竞争和市场主导地位等现实挑战。2022年3月，欧盟委员会通过《数字市场法案》，以客观标准划定某些大型数字平台企业为"看门人"，并为指定的"看门人"建立了一份义务清单，如果不遵守规定，将触发强制执行的制裁机制，包括高达全球营业额10%的罚款。欧盟通过《数字市场法案》和《数字服务法案》等一系列法律规定，打击了大型平台的滥用行为，限制了大型平台的市场力量，促进数字市场的公平竞争。

二、数字经济反垄断

数字经济时代与大工业时代的反垄断具有很多共性：第一，两者都需要限制不正当竞争行为，防止企业利用垄断地位，使用差别定价、合谋等不正当的竞争手段打击竞争者或损害消费者的利益；第二，保护市场竞争，通过对企业并购的监管，防止市场份额过度集中，进而损害竞争者与消费者的利益。

然而，诞生于大工业时代的反垄断制度在数字经济时代并非完全适用。在数字经济时代，科技巨头的垄断有其新特征，包括对数据的垄断，拥有通用性技术、平台的范围经济等，因此，数字经济时代的反垄断既有独特的内涵，也面临着新的挑战。

针对庞大的平台，企业表现出类似于 20 世纪的自然垄断特征。学界和政策界建议，可将原有针对公用事业监管的反垄断监管运用到数字科技领域。

然而，出于两个原因，原有的基于服务成本的监管方式很难适用于数字科技行业。一方面，对于数字科技企业而言，很难衡量它们的"投资成本"（类似于公用事业的服务成本），所以难以规制该类企业的价格以给予它们"合理的回报率"。另一方面，与传统自然垄断行业相比，科技巨头是全球性公司，其运营投入如知识产权、数据、服务器、供应链、物流等在各国共享，这是一种崭新的行业特征。超越国家的全球监管机构的缺失引发了一个问题，即由谁来确定并监督数字企业"合理的回报率"以及跨越不同司法管辖区对回报率的分配。

全面监管数字平台企业的另一种方法是隔离"自然垄断"或"基础设施"的部分，对该细分市场进行监管，并为竞争对手提供公平和非歧视性的准入。比如，在电力市场上，高压电网是自然垄断的，但是我们可以通过监管向竞争的发电企业提供公平与非歧视性的准入以维持发电企业的充分竞争；而在铁路行业，轨道和车站虽然是必不可少的基础设施，但是运营公司则可以通过争夺客货运以维持充分的竞争。

将类似的监管与反垄断思路引用在数字科技企业存在两个挑战。一是我们需要确定一个稳定的基础设施，但数字科技市场的快速发展，使监管机构难以识别、收集有关基本设施的数据并对其进行监管。二是在数字经济中，我们至今还没有找到一个在不破坏现有网络外部性收益的情况下拆分企业的方法。例如，将一个社交网络分解为两个或三个社交网络可能不会提高消费者福利。重要的是，如果造成垄断的基本原因是数据，并且从多个活动中作为副产品获得的不同数据集组合在一起时，数据会更加强大，拆分数字企业将极大地降低基于数据的网络外部性。

一种可行的思路是建立专门的监管机构，比如，英国的弗曼报告建议建立一个"数字市场单位"，美国的斯蒂格勒报告建议建立一个"数字权威"机构。这些专门机构将专注于数字经济领域，只监管大型数字企业。根据弗曼报告的思路，十几家科技巨头将被赋予"战略市场地位"，从而被指定为受该专门机构管辖，该机构将是竞争管理机构和监管机构的混合体。这种专门性的数字监管机构将在多个方面比当前的竞争主管机构采取更具前瞻性的方法，包括收集有关数字科技公司的数据，并建立有关数字行业如何运作的行业特定知识。

另一种针对科技巨头的"温和"思路是"动态市场竞争"。允许和激励多个竞争者，通过威胁让现有企业保持警觉，并依靠他们保持垄断租金的渴望来保障合理的市场竞争。

从理论上讲,只要现有企业在价格和创新方面竞争,而不是通过不公平的方式竞争,或者只要允许新的创新企业进入市场,垄断就可以容忍,那么市场就被认为是"可竞争的"。潜在的竞争会让在位者保持警惕,他们通过不断创新避免被取代,他们收取低价以享受网络外部性,从而阻止新企业的进入。

然而,数字经济时代的竞争政策或是反垄断政策的难点是数字平台企业既经营市场又参与市场竞争。例如,亚马逊公司既提供亚马逊网购平台上的第三方产品,也提供自有品牌的产品;苹果的应用程序商店既支持苹果自己的应用程序,也支持独立的应用程序。这种作为所有者和卖方在市场上的双重存在引发了对自我偏好的担忧。各类不公平竞争的形式可能是展示对自己服务的偏好、搭售或忠诚度回扣,或者该平台可能会利用竞争对手的应用程序迫使其退出市场。

欧盟委员会正是基于谷歌搜索引擎设置偏好自己的产品,对谷歌发起了反垄断调查。自我偏好的问题由来已久,比如大型实体超市销售其自有品牌,但是数字平台企业具有前所未有的能力进行自我偏好设置:一方面,数字平台企业能够向消费者推荐自己的品牌;另一方面,数字平台企业可以廉价地收集有关第三方产品的大量信息,并有选择地为成功的产品制造模仿者,这种反竞争策略对竞争对手品牌尤其有害,因为后者可能没有其他地方可以销售。

因此,为了维持经济的竞争性,仅仅保证有效率的进入者能够进入是远远不够的。在数字经济领域,并购往往成为数字平台企业维持垄断、抑制竞争的一种策略。例如,在脸书收购

Instagram 和 WhatsApp 两个社交网络时，对抑制潜在竞争的担忧就浮出水面。也有证据表明，新产品本身可能会在"杀手级"收购中受到压制。

此外，数字经济时代反垄断政策还面临一个核心挑战，数字平台企业拥有数据垄断，而后者，是数字经济的核心要素。一方面，数据和技术拥有共同点，具备非排他性，即一者对某种数据和技术的使用并不排斥他者对该数据或技术的使用；另一方面，在数据与技术生产出来之后，传播它们的边际成本是零。正是这两个特征带来了规模报酬递增，即更多的使用带来更高的收益。

在现实世界中，政策制定者设计了专利制度，以一种排他的合法垄断制度来保护技术。由于技术传播的边际成本为零，自由竞争的市场仅能允许技术的价格为零，然而，发明一个技术，需要前期投入巨大的人力与物力，价格为零显然无法补偿技术研发的成本。所以，为了刺激社会的技术供给，专利制度赋予技术生产者合法的垄断权利。一言以蔽之，专利制度是由技术的供给性质所决定的。

数据和技术的不同在于两者的供给特性，当前社会上使用的大数据绝大多数并不是通过研发过程生产出来的，而是社会个体在生产与消费过程中产生的副产品，例如，消费者网上购物产生的购物信息，患者在医院就医产生的医疗信息等。如前文所述，由于数据并不是由费时费力的研发过程所生产的，所以数据很可能不适用于专利保护。而数据使用的规模报酬递增的特点决定了，就社会而言，数据由更多的人使用，所带来的收益越高。由此可见，数字经济时代反垄断的另一个思路是数据要素在合规前提下的充分流动，进而激发更多的合理使用。

数字技术的特性决定，如果数据无法充分地流动，那么数字技术的垄断性较其他科技更强。一项技术必须由理解它的人使用，换言之，技术内嵌于人力资本之上。科技人才的流动、人与人之间的交流带来了技术的传播。因此，从理论上来说，一个企业若要永远垄断某项技术，必须垄断所有知晓该技术的人才，并切断所有与该技术相关的交流才能实现，这显然不可能。而数字技术则不然，以人工智能技术为例，使用人工智能需要两个投入要素，一是数据集，二是使用该数据集的算法，两者缺一不可。即使企业拥有先进的人工智能算法，如果无法获得数据，必然无法有效地参与市场竞争。

因此，在反垄断讨论中，除了规制科技巨头过大的市场份额与科技巨头不正当的竞争行为之外，关注数字经济中科技巨头垄断倾向的独特根源——数据要素的集中也十分重要，因此，数字经济反垄断也涉及数据要素充分流动的制度基础。这在前文中有具体阐释。

三、中国在数字经济反垄断方面的实践

在 2021 年 12 月的中央经济工作会议上，"强化反垄断和防止资本无序扩张"被列入八项重点任务之一，阿里巴巴、腾讯等中国科技巨头相继接受了反垄断调查，引起各方的极大关注。

中国施行反垄断政策的历史不长。2008 年 8 月 1 日到 2018 年 4 月 10 日，国家市场监督管理局正式挂牌前，《中华人民共和国反垄断法》一直由三个反垄断执法系统来执行，即国家发改委下设的价格监督检查与反垄断局和各省物价局，国家市场监督管

理总局下设的反垄断与反不正当竞争执法局和各省工商局,以及商务部下设的反垄断局。

2019年9月1日,《中华人民共和国反垄断法》的三部配套规章正式落地,即《禁止垄断协议暂行规定》《禁止滥用市场支配地位行为暂行规定》《制止滥用行政权力排除、限制竞争行为暂行规定》,其意义在于,统一了之前几家执法部门、中央、地方在这三个重要的反垄断领域执法尺度不一的问题。

中国数字经济发展迅猛,与数字经济以及平台有关的反垄断政策的制定和执行面临不少挑战。

第一,针对数字平台市场势力的认定尚无规范的方法或成熟的经验,对滥用市场支配地位的行为也缺乏公认标准。一方面,平台企业的市场势力与传统厂商具有明显差别,依赖市场份额、利润率等传统工具往往存在较大偏差。另一方面,对于滥用市场支配地位的行为判定也没有普适标准,对一些大型电子商务平台而言,与用户签订具有"二选一"特性的排他性协议时,尽管不少专家认为违反了《中华人民共和国反垄断法》规定的自由交易原则,同时可能削弱平台间的竞争,但对消费者和商家的损害或实质影响难以进行事前评估。

第二,不同数字平台企业间的合并现象频发,反竞争效应显现,引发限制竞争和打压创新的担忧。近年来,我国互联网企业在多个细分市场上进行兼并,"赢家通吃"的局面被强化。在互联网领域,不断激增的合并现象主要是为了扩大规模经济效应和网络效应,其影响除了形成一些垄断性的大型互联网平台企业之外,还在一定程度上削弱了细分领域的市场竞争,加剧了相关市场支配地位的滥用。

第三，各类新型垄断行为不断涌现，新业态、新模式颠覆了传统商业规则，准确识别企业垄断行为的难度进一步加大。以数字平台企业的个性化定价或"大数据杀熟"行为为例，依托大数据的价格歧视有其特殊性：在平台经济中，个性化服务本质上将市场，特别是买方市场分成了一个个独立的个体，截断了消费者的搜寻行为，消费者可能在某种惯性下没有选择性地购买服务，网络效应容易形成"一家独大"的局面，供需两侧可能同时失去竞争性，而平台成为唯一的"知情者"，当这个"知情者"向特定用户进行商品售卖时，一般意义上的市场可能不存在。此外，诸如恶意不兼容、广告屏蔽、流量劫持、静默下载、深度链接等一系列不正当竞争行为也广受关注。

第四，对于平台市场，大型平台对初创平台的并购引发了竞争性的争议。一些初创平台由于新技术或新模式的应用，可能展现出很强的竞争力，甚至在短期内改变整个市场竞争格局并威胁到现有的大型平台。为应对潜在竞争压力，大型平台往往会对具有潜在威胁的初创平台进行猎杀式收购，因此，对初创平台并购的争议焦点在于阻碍创新和破坏竞争。

针对这些数字经济时期的反垄断挑战，中国推出了一系列法律法规。2018年修订施行的《中华人民共和国反不正当竞争法》，专门增设针对网络领域不正当竞争行为的规定，对利用网络，尤其是利用技术手段实施的不正当竞争行为，明确了规制路径。同年8月17日，市场监督管理总局发布《禁止网络不正当竞争行为规定（公开征求意见稿）》，进一步增强了《中华人民共和国反不正当竞争法》的适用性，对互联网经营者利用技术手段影响用户选择，实行平台封禁、大数据杀熟、向用户频繁弹窗等新型网络不正当竞争行为进行了分类规制。

2019年8月，中国国务院办公厅公布了《关于促进平台经济规范健康发展的指导意见》，表示将制定出台网络交易监督管理有关规定，查处互联网领域滥用市场支配地位限制交易、不正当竞争等违法行为，严禁平台单边签订排他性服务提供合同，等等。这与《禁止滥用市场支配地位行为暂行规定》的指向是一致的。

2020年1月，国家市场监管总局公布了《〈反垄断法〉修订草案（公开征求意见稿）》。2020年11月，国家市场监管总局发布了《关于平台经济领域的反垄断指南（征求意见稿）》，是继汽车、原料药之后的第三个针对特定领域的反垄断指南。2021年11月，中国标准化协会发布《平台经营者反垄断合规管理规则（征求意见稿）》，旨在预防和降低平台经营者的反垄断合规风险，提高平台经营者及其员工的反垄断合规能力。

除了针对特定领域的反垄断指南以外，将于2021年11月1日起施行的《中华人民共和国个人信息保护法》也将数据领域的垄断和算法滥用行为列为监管重点。

在反垄断规则体系的指引下，2021年以来，中国对平台垄断、竞争失序现象已经开出多张罚单：2021年4月26日，监管部门对美团实施"二选一"等涉嫌垄断的行为立案调查；2021年7月7日，市场监管总局依法对互联网领域22起违法实施经营者集中案做出行政处罚决定，涉及滴滴出行、阿里巴巴、腾讯、苏宁、美团等公司，对涉案企业分别处以50万元罚款。

第四节 "数字税"与全球税收治理

数字经济的蓬勃发展不仅极大地促进了社会生产力的提高，也改变了经济价值汇聚、创造与分配的规律。此外，数字经济的发展也对全球税收治理的根基形成了前所未有的挑战，从而引发了全球税收争议，"数字税"的征集与管理成为当前全球税收治理体系变革和规则构建的焦点。

一、全球税收治理体系与跨国税收征收基础

在讨论数字经济对全球税收治理体系的挑战之前，我们先简要梳理一下全球税收治理体系的架构，并分析跨国公司税收征集制度的基石。

英国工业革命以来，经济全球化将全世界更加紧密地联系起来，跨国公司大量涌现，企业的经营范围也开始跨越国界。跨国公司税收的问题则随之而来，即在被投资国的跨国公司分公司的企业税收如何决定？跨国公司税收如何在各国之间进行分配？由谁征收？如何征收？跨国公司税收问题，至少涉及两个以上的国家，因此全球税收治理体系必不可少。在2021年，七国集团（G7）、OECD和G20达成15%的全球最低税率之前，并不存在一个统一的多边全球税收治理架构。此前的国际税收治理体系建立在三大基石原则之上，它们分别是：

- 原产地征税（Source based taxation）：税收交予企业创造收入与利润的国家，而非股东所在国或跨国公司来源国。
- 公平计价原则（Arm's length pricing）：必须通过公平计价原则计算跨国公司在各国所创造的收入与利润。
- 税收主权（Tax sovereignty）与双边协议（Bilateral agreements）：全球税收治理体系承认各国确立各自企业税率的主权，同时以双边协议为核心，协调国家间的税收治理。确定跨国公司税收，首先需要确定跨国公司税收的税基如何分配。

从理论上来说，跨国公司在某国的税基可以由以下三种方式决定：一是原产地原则，某国的税基由跨国公司在该国的生产决定；二是居民原则，某国的税基由跨国公司股东所在国或跨国公司来源国决定；三是目的地原则，由产品最终销售所在国决定。

国际税收体系采纳原产地征税原则，该原则是以所谓的"1920年妥协"（1920's compromise）为基础确立的。在这个原则上，跨国公司在某国从事商业活动所获取的商业收入与利润成为该国企业税收的税基，即跨国公司从事生产活动的国家获得了对该国境内商业活动的税收征收权。当今绝大多数的国家在处理跨国公司税收时都是遵循原产地征税原则的。

实行原产地征税原则需要一种税基计算方法将跨国公司的商业收入或利润分配到各个国家。公平计价原则就是计算跨国公司在各国纳税税基的一种原则性方法。公平计价原则在计算各国的税基时要求：在确认某跨国公司在某国的收入或利润时，应当以市场交易为基础，计算跨国公司在该国所获取的商业收入或者利润。最复杂的是如何规制跨国公司关联方的交易，例如，集团总公司与分公司之间的交易应当符合何种原则？公平计价原则下，关联方之间的市场交易计价原则应当符合竞争市场中的非关联方交易相同的定价原则。在公平计价原则下，我们就可以确认参与商务交易链的跨国商业实体在各国产生的商业收入与利润。公平计价原则的适用，要求税收系统基于所谓的独立会计，即在每个国家的跨国公司实体都被视为独立实体，并按其单独的账户确定收入或利润来缴纳税收。确定收入来源以及关联方是否实施了公平计价原则，涉及执行上的实际困难，以公平的价格监管关联方交易远非易事。

尽管几乎每个国家与地区的国内法律都规定了前述的两大规则，在这两大规则之上，每个主权国家都有权制定其对跨国公司的税率与征收方式。当然这也并非绝对，国际税收体系覆盖了3 000多个双边条约。这些双边税收协议通常通过两国协商，对涉及两国的跨国公司税收进行一定的规制，以控制潜在的税收主张管辖区之间的税收权分配，避免对某些经济活动过度征税或双重征税，并打击逃税。数千种双边条约形成了一个规则并不一致的全球规则之网，跨国公司可以利用这些规则不一致之处来仔细选择其附属机构的位置以逃避税收，这就是所谓的滥用税收协定。

在长达一个世纪的发展过程中，当前的国际税收治理体系形成了一个混合结构——国内法律与税收协定所定义的复杂的相互作用网络。原产地征税的税收分配原则反映了过去100年全球政治、经济、法律、历史和行政现实，然而，全球经济结构的变化，尤其是数字经济与跨国科技巨头的崛起冲击了现有国际税收治理框架的基石，现有国际税收体系的公平性与有效性日益受到质疑，改革现有国际税收体系的呼声日渐高涨。

二、全球化与数字经济崛起对全球税收治理的挑战

对国际税收治理和税收竞争的全球关注至少可以回溯到1998年OECD发布"有害税收活动"（Harmful Tax Practices）报告的时候。2015年，G20与OECD联合发布的"税基侵蚀和利润转移倡议"宣告全球税收治理问题正式进入国际政策议程。该倡议旨在完善全球税收治理架构，为企业所得税制定"最低标准"和通用方法，以解决日益严重的全球税收"逐底"竞争与日益猖獗的跨国公司避税问题。

全球经济结构的两大变革造成了当前全球企业税收治理的困境：一是经济全球化的迅猛发展，二是数字经济的崛起。

20世纪80年代以来，国际贸易和投资的自由化、信息技术的改进和运输成本的降低，开创了跨国公司的新时代。2018年，全球财富500强的公司共雇用6 770万人，创造了30万亿美元的收入和1.9万亿美元的利润，他们的总部位于33个国家和地区，跨国公司成为各国经济重要的组成部分。这一波超级全球化浪潮还具有两大特征：一是全球生产链的整合，二是跨国公司大量外包生产功能。信息技术成本的下降促进了全球复杂生产过程的协调，完全改变了跨国公司全球投资的商业模式：跨国公司投资由东道国市场驱动模式（将产品和服务生产配置在接近销售的地方）转变为全球价值链模式，该模式的核心是在全球范围内更加有效地供应产品与交付价值。在该模式下，产品的生产与设计

可能是在需求很少或根本没有需求的国家和地区进行的，全球化的新模式带来了两个有关全球企业税收的新问题：一是国家为了吸引全球跨国公司投资，致力于降低本国的相对生产成本，造成了全球企业税率的"逐底"竞争问题；二是确定全球生产链上价值创造的确切位置变得更加困难，这甚至是一个"不可能完成的任务"。

过去 20 年，税收与外国直接投资的关系是国际经济学的一个热点研究问题，一系列研究取得了共识性的研究结果：一是高税收减少外国直接投资的流入；二是与跨国并购相比，"绿地投资"对税收更为敏感；三是垂直型外国直接投资，即基于全球生产链的外国直接投资对税收更敏感。为了吸引外国直接投资，促进经济与就业，各国政府不约而同地降低了企业税收，各国竞相降低企业税率以吸引外国直接投资，形成了国际税收的"逐底"竞争，严重破坏了主权国家政府的财政能力。图 5.1 所展示的全球平均企业税税率的普遍持续性下降，就是税收"逐底"竞争的明证。

此外，跨国公司通过税基侵蚀和利润转移的方式逃避税收的问题日益严重。跨国公司的侵蚀税基与利润转移有三种方式：一是操纵跨国集团内部各公司间的进口与出口价格；二是操纵跨国集团内各公司间的相互借贷行为；三是转移跨国集团无形资产至"避税天堂"[①]。

---

① "避税天堂"是指那些为吸引外国资本流入、繁荣本国或本地区经济，在本国或本地区确定一定范围，允许境外人士在此投资和从事各种经济、贸易和服务活动，获取收入或拥有财产而又不对其征直接税，或实行低直接税税率或特别税收优惠的国家和地区。

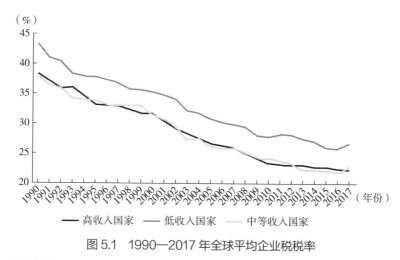

图 5.1　1990—2017 年全球平均企业税税率

资料来源：IMF。

第一，操纵跨国集团内部各公司间的进口与出口价格。在全球生产链中，进出口虽然是跨越国界的，但是有大量进出口是发生在跨国公司内部的，因此跨国集团可以操纵集团内各企业间进出口的价格以规避税收。简单来说，对位于高税率国家的集团附属公司，跨国集团可以提高该公司的关联方进口价格或降低它的关联方出口价格，降低集团公司在高税率国家的收入与利润，并将集团的收入与利润转移至低税率国家的附属公司中，进而达到规避税收的目的。操纵进出口价格很明显违反了公平计价原则，该行为从本质上来说是利用税收监管上的执行漏洞进行避税。对具备众所周知的市场价格的标准化商品而言，公平计价原则很容易得到执行，但对于非标准化的商品，尤其是服务类产品，公平计价原则就难以执行。

第二，操纵跨国集团内部各公司的相互借贷行为。在本质上与操纵进口、出口价格相同，只不过是通过操纵金融交易的方式不同。跨国集团可以增加在高税率国家公司的债务，并将资金转移至低税率国家的公司，由于利润的计算需要扣除债务的利息成本，这种金融操作可以将高税率国家附属公司的利润转移至低税率国家的附属公司，从而达到全球避税的目的。

第三，通过转移跨国集团无形资产达到转移收入与利润的目的。跨国公司可以将知识产权、商标和数据等无形资产转移至低税率国家，进而达到转移由无形资产产生的商业收入与利润的目的。很明显，通过资产的转移进行避税，只对无形资产适用。

图 5.2 总结了当前全球化时代全球税收治理的两大挑战：一是对非"避税天堂"的国家和地区而言，对跨国公司投资的竞争造成了国家间企业税收政策的"逐底"竞争现象；二是全球税收治理的缺失导致跨国公司能够通过种种方式将收入与利润转移至"避税天堂"国家或地区，造成企业税收的大量流失。

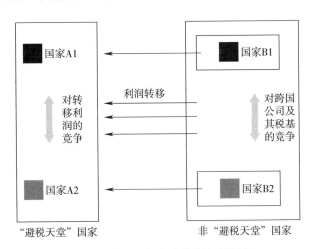

图 5.2 全球化与全球税收治理挑战

资料来源：作者整理。

数字经济的崛起进一步加剧了税基侵蚀和利润转移问题。首先，数字经济的崛起使得基于全球产业链的全球分工进一步深化，通过公平计价原则计算各国跨国公司税基的难度进一步上升。数字经济的发展也促进了全球贸易的进一步服务化。根据世界贸易组织统计，1980年以来，国际服务贸易占世界贸易比重不断上升，2017年，国际服务贸易已占世界贸易的22.7%，占全球GDP的6%。更为棘手的是全球服务贸易大部分是难以准确计价的关联方贸易，公平计价原则的执行难度显著上升，加剧了税基侵蚀与利润转移的问题。

其次，伴随着数字经济的崛起，在跨国公司的商业模式中无形资产的重要性大幅上升。图5.3展示了世界知识产权组织提出的"新微笑曲线"，该曲线说明，在数字经济崛起后，价值创造更多地从制造阶段转移至制造前和制造后的阶段，例如，研发与设计以及品牌推广活动等，这意味着专利与品牌等无形资产在创

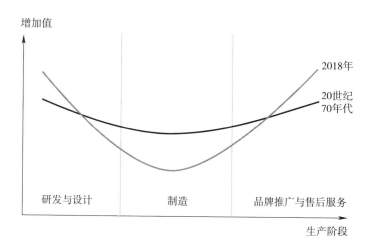

图5.3 数字经济与"新微笑曲线"

资料来源：世界知识产权组织（2017年）。

造收入方面的重要性大幅上升。诸如特许权使用费之类的服务贸易不仅难以定价,而且产生特许权使用费的无形资产本身也很容易跨境转移。无形资产可以从开发该资产的附属公司通过集团内部确定的价格出售到低税率国家的附属公司,在这一过程中,政府部门很难根据公平计价原则确定无形资产关联方交易的合理价格。

通过转移无形资产避税的一个著名例子是谷歌所采用的"双层爱尔兰——荷兰三明治"(The Double Irish Dutch Sandwich)避税结构,图5.4是该结构的示意图。之所以如此命名该战略,是因为它涉及两家爱尔兰分支机构和一家夹在两者之间的荷兰空壳公司,这种避税方式广泛地为全球科技巨头所采用。如图5.4所示,美国跨国公司,如"谷歌美国"将其无形资产的一部分,特别是其搜索和广告技术,转移给"谷歌控股",这是一家地址位于爱尔兰但在百慕大注册的子公司。无形资产的转移发生在2003年,比谷歌首次公开上市要早几个月,"谷歌美国"从未公开发布无形资产转移的价格信息。"爱尔兰与百慕大混合公司"随后创建了另一个爱尔兰子公司——"爱尔兰有限公司",并给予其使用谷歌技术的许可。这家子公司通过将谷歌的无形资产许可给全球其他谷歌关联企业使用来获取特许权使用费。这样谷歌的大部分非美国利润流向了爱尔兰,并在爱尔兰纳税,而爱尔兰的公司税率仅为12.5%。而另外一部分由爱尔兰剥离的利润则似乎发生在百慕大,该地区的公司税率为零。这是通过"爱尔兰有限公司"向"谷歌控股"支付特许权使用费完成的。但是这里有个潜在的障碍,爱尔兰公司对支付给百慕大公司的特许权使用费会预扣税收,为了避免这种税收,需要建立一个荷兰分公司以

"绕道而行"。"爱尔兰有限公司"向一家荷兰空壳公司支付特许权使用费,这是免税的,因为爱尔兰和荷兰都是欧盟的一部分。然后,荷兰的空壳公司将所有款项归还给"爱尔兰与百慕大混合公司",这也是免税的,因为对荷兰税务机关而言,该控股公司是爱尔兰人,而不是百慕大人。通过这种复杂的结构,跨国公司达到了在全球避税的目的。

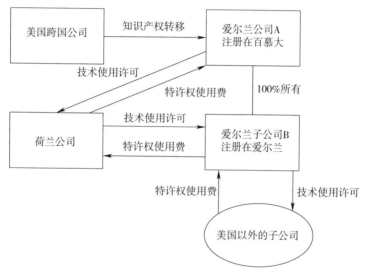

图 5.4 "双层爱尔兰——荷兰三明治"避税结构

资料来源:作者整理。

最后,数字经济的崛起使跨国科技巨头能够获取海量的消费者数据,而这些数据极大地提升了跨国科技巨头的竞争力与盈利能力。现有消费数据的收集并不是建立在市场交易的基础之上,甚至是由免费提供的数字服务所收集,这些都不进入跨国公司税收的税基。

数字经济对全球税收治理提出了一个"灵魂"拷问:如果税

收需要按照价值创造原产地的规定进行缴纳,那么在数字经济时代,如何确定价值创造的原产地?比如,当谷歌研发了一个人工智能产品,该产品由"谷歌美国"与"谷歌加拿大"的科技人员合作开发,并使用了"谷歌德国"收集的大数据,该产品所创造的价值如何在英国、美国、加拿大与德国之间按照原产地规则与公平计价原则进行分割?这几乎是一个不可能完成的任务。一言以蔽之,现有的全球税收体系已经不适应数字时代的经济基础了。

我们已经从理论上指出了全球税收治理面临的挑战,那么实际中全球税收治理的问题有多严重?又造成了哪些危害?

20世纪80年代以来,在美国企业的海外利润来源中,越来越多的利润产生于离岸的"避税天堂"国家或地区,如百慕大、荷兰、爱尔兰、卢森堡、瑞士与新加坡等。美国跨国公司源于"避税天堂"的利润份额增长是惊人的,从20世纪80年代的不足20%,增长到近年来的50%以上(见图5.5)。

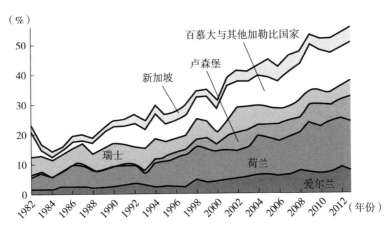

图5.5 美国跨国公司海外利润中来自"避税天堂"的比例

资料来源:Zucman(2014年)。

大量的学术研究实证验证了国际税收差异对跨国公司的利润的影响,经验研究的共识是企业税的税率每降低一个百分点,某国或地区跨国公司所报告的利润上升1.5%。图5.6分别展示了各经济体税收流失的大致比例,欧盟、美国、OECD国家与发展中国家所流失的企业税收分别占其总企业税收的20%、14%、6%与7%左右,全球平均的企业税收流失比例为10%。

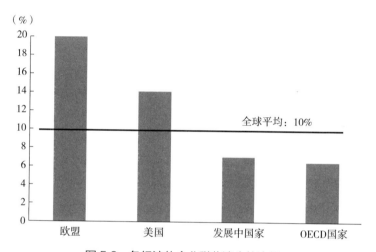

图5.6 各经济体企业税收流失的比例

资料来源:Toslov、Wier和Zucman(2018年)。

当前全球税收治理体系的缺陷不仅损害全球经济的效率,还极大地打击了全球政治与经济的公平性。

首先,全球税收治理体系的缺失扭曲了市场竞争。市场经济的活力与效率来自公平与充分的市场竞争。一方面,当前的税收体系造成跨国公司与非跨国公司的不公平竞争,跨国公司利用全球税收的漏洞避税,形成了对非跨国公司的不正当竞争优势,进一步强化了市场垄断。另一方面,部门间的不正当竞争也进一步加剧:税收负担更多地落到了数字化程度较低的部门,造成部门间不合理的资源配置。

其次,全球税收治理体系的缺失阻碍了全球化的推进。企业税收归属问题激化了国家间的矛盾,比如美国与欧盟国家,尤其是法国、德国、英国在"数字税"问题上矛盾重重,当问题迟迟无法得到解决时,国家间往往诉诸"互相伤害"的贸易制裁,阻碍了全球化的发展。跨国公司,尤其是富可敌国的全球科技巨头的避税行为与全球收入差距扩大相伴而生,这种极大的不公平严重侵蚀了全球化的合理性,催生了反全球化的民粹主义,并使经济民族主义泛滥,成为当前全球化陷入僵局的一个重要推手。

全球税收体系现状的不公平显而易见,税收体系漏洞的受益者是"避税天堂"国家、地区与跨国公司,尤其是跨国科技巨头。盈利能力最强的全球科技巨头逃避了纳税这一基本的社会责任,削弱了国家的财政基础,政府在全球化时代提供公共服务与解决收入差距问题的能力大幅下降。"避税天堂"实际上是在实行以邻为壑的政策,通过损害全球公共利益获取国家私利。

三、全球税收治理变革

全球税收治理挑战无法通过对现有体系的拾遗补阙得到解决,而是需要建立一个全新的全球税收治理框架。由于全球并没有一个世界政府或全球税务机关,所以任何新的全球税收治理框架的建立都必须通过众多国家的协商与合作,而这正是国际税收与国内税收问题的本质差别所在。

解决全球税收治理体系的最重要的多边主义议程始于2013

年，OECD 和 G20 成员启动了税基侵蚀和利润转移（BEPS）项目，该项目的结论是："国际税收体系必须进行根本性改变，以有效地防止双重不征税以及人为地将应税收入与产生应税活动相分离的做法所产生的不征税或征税较低的情况。税收国际标准的调整，需要与不断变化的商业模式和技术发展保持同步。"2015年，BEPS 一揽子计划出台，随后获得 G20 领导人认可。该计划包括 15 项行动，并就四个最低标准达成了共识。BEPS 项目设定的目标非常有挑战性，但是在政治上可行性很高：减少甚至消除"避税天堂"对税基的侵蚀，非"避税天堂"国家或地区很容易在该目标上达成共识。简单来说，全球很容易在要解决什么问题上达成共识，但是该项目的难点在于，要找到一个具有全球共识的方式解决这个问题。

BEPS 项目力图在不改变原有的国际税收体系原则的基础上，或者说在不改变现有税收征收权的基础上改革全球税收体系。该项目的实施的确缓解了当前体系下的税收侵蚀问题，但是现有的国际税收体系的根本问题并没有得到有效解决。对全球税收治理体系的任何根本性改革都需要改变当前的税收征收权利归属的问题，而这正是各国利益冲突所在，多边的共识性框架的建立需要高度的全球协商与合作。

除了在多边主义的协调框架改革全球税收体系之外，众多国家采用了单边主义的税法改革措施以寻求有效地对离岸利润征税。例如，英国的利润转移税和澳大利亚的《多国反避税法》都旨在通过对跨国公司采取新的税收安排避免税基侵蚀。数字服务税类似于流转税，直接对跨国公司在本国的销售进行征税，是当前单边主义税收改革的最普遍形式。欧盟和英国的数字服务税提案具有相似的范围——侧重于社交媒体、网络搜索和中介服务，但是他们采用不同的方法来衡量用户价值。欧盟采用基于交易量的方法，根据广告在用户设备上出现的频率以及在特定平台上完成交易的用户数量来分配收入，英国则基于所销售服务的价值来分配收入。其他国家，包括印度、智利和乌拉圭，则对提供网络广告等数字化服务的本国与跨国企业征收所谓"均等化"税收。一些低收入国家，如贝宁、坦桑尼亚、乌干达和赞比亚等也开始对某些数字服务征税。

单边主义的税收措施由于其不协调的本质，会对经济造成扭曲并形成对他国的负面溢出效应，所以，其他国家可能针对这些措施采取报复措施，甚至引发贸易争端，美国与欧洲国家在数字服务税上的冲突清楚地展示了这一点。数字服务税对特定交易的总收入征税，这通常会引发双重征税等基于税收效率的疑虑。

全球税收治理体系的根本性变革主要有三大思路，包括最低税率方案、边境调节税（Border-Adjusted Profit Taxes）方案与公式分摊（Formula Apportionment）方案。

最低税率方案

如果跨国公司在 A 国利润的税率低于最低限度，跨国公司母国将对这部分利润直接征收税款，而如果高于最低限度，这部分利润将按照 A 国法规向 A 国缴纳税款。很明显，该方案针对的是跨国公司将利润转移至低税率国家或地区的行为，法国和德国的国际税收治理改革提案中都设想了这一方案。在许多发达国家，对其跨国公司对外投资设定最低税率早已存在多年，BEPS

倡议和欧盟反避税指令（EU Anti-Tax Avoidance Directive）都希望提高这种税率。虽然各个方案细节差异很大，但是共同的特征是，外国子公司赚取的某些类型的收入会立即生成国家对母公司的征税权力。

美国出台的"全球无形低税率收入"（Global Intangible Low Taxed Income，GILTI）税就是最低税率政策的典型，该政策对美国跨国公司境外直接投资的收益直接征收最低税收，其每年需缴纳的全球最低税率为10.5%—13.125%。美国对GILTI征税的目的是阻止跨国公司将其无形资产的利润从美国转移到税率低于美国税率的外国管辖区，以防止税基受到侵蚀。

最低税率方案的本质是，部分放弃当前国际税收的原产地原则，转而实施居民原则，由跨国公司的居民国直接征收最低企业税，以防止税基受到侵蚀。此类方案缩小了原有利润转移的范围，法律实施的障碍不高。最低税收方案可以有效解决利润转移问题，并且可以抑制国家间的税收竞争。税务机关的工作则变得更为复杂，税务机关需要识别跨国公司在国外支付的税款，并确认该税款不会被退还或抵减其他税款，有效交换信息的安排将变得极为关键。

现有的最低税收方案都是在单边主义的基础之上，由跨国公司的居民国单方面实施。单方面的最低税收方案只能解决跨国公司母国的税收问题，却无法解决跨国公司附属企业在"非避税天堂"国家的税收问题，因此，未来的全球税收治理的一大方向是建立一个多边主义的最低税收框架。

边境调节税方案

边境调节税是一种基于目的地原则的税收形式，其特征是将出口排除在税基之外，并将进口包括在内。边境调节税与增值税类似，将出口商品排除在税收之外，但对所有进口商品征税，两者的主要区别在于，边境调节税可以抵扣劳务成本，增值税则不能抵扣劳务成本。

边境调节税的各种架构均引入了基于目的地征税的元素：将征税权分配给购买者所在的司法管辖区。边境调节税的主要优点是，如果该方式在全球得到普遍采用，就如同增值税，利润转移和税收的"逐底"竞争问题将得到缓解，它将在很大程度上消除利润转移和税收竞争。

全球普遍采用是边境调节税方案的核心。单方面采用边境调节税将对维持原产地征税的国家产生重大的负面溢出效应，采用该方案的国家会侵蚀他国税基，从而加剧剩余国家间的税收竞争和利润转移的问题。Hebous、Klemm 和 Stausholm（2019年）估计，如美国单方面采用边境调节税将会导致邻国损失约40%从跨国企业获得的税收收入。因此，单边主义的边境调节税会引发国家间的政治冲突，甚至挑起贸易争端。

公式分摊方案

在公式分摊方案下，跨国公司的所有关联公司的账户将被合并以生成统一的税基，该税基将按照统一的公式在各个司法管辖区之间进行分摊，各司法管辖区独立确定其所分配税基上的税率。此种方案实际上是加拿大、德国、日本和美国等国所实行的跨州公式分摊的一种国际版本。例如，在加拿大，统一税基是根据共同商定的规则在各省中分配的，而各省则保留独自确定税率的自治权。

在当前国际税收征管中应用公平交易原则的困难，催生了公式分摊的提议。各国的经验表明，随着经济一体化的发展，按公式分摊比按公平原则分配其管辖范围内的关联公司利润更合适。因此，欧盟提出了"统一的企业合并税基"计划，设想在欧盟各成员国建立统一的共同税基，并在欧盟范围内建立按照基于三因素（资产、销售额和劳动力）的税基分摊公式。

公式分摊的本质是绕开公平交易原则，消解税基侵蚀与利润转移问题，但是公式分配并不会消除税收竞争，相反，可能会使之激化。公式分摊方案的难点在于如何确定分摊公式，常用的决定分摊公式权重的因子包括：供给方的因素，例如工资、就业和资产；需求方的因素；销售额等是普遍的因素。如果需求方的因素在分摊公式中的权重更大，发达国家就能获取更多的税基，而如果供给方的因素尤其是就业所占权重更大，新兴经济体的获益将更大。

公式分摊方案的核心难题在于如何达成国际共识性的协议，不同的分摊公式意味着国家间不同的利益分配格局，因此该方案要求进行极高的全球合作。当然，该方案的最大优点是，如果全球协议能够签署，其对全球税收治理体系的变革将是全面性的，而非原有框架下的修修补补，且方案的可执行性极高。

综上所述，全球税收治理体系根本性变革的三大思路都需要全球协调与合作，目前已经在最低税率与税基认定方面取得积极进展。

2021年10月8日，OECD发布声明，BEPS包容性框架下，140个成员中的136个国家（地区）已就"双支柱"方案达成共识，占全球国内生产总值90%以上的136个国家承诺对跨国公司实行更公平的税收，并从2023年起实行15%的全球最低税率。

新的全球税收改革方案中，支柱一重新分配了大型跨国公司全球利润的征税权，明确新的征税权划分原则如何确立，确保科技巨头、奢侈品集团和制药公司在其开展业务的国家缴纳企业所得税，即使跨国公司在这些国家并不拥有实体；支柱二通过实施全球最低税，确保跨国公司在各辖区承担不低于一定水平的税收，抑制跨国公司的避税行为，为各国税收竞争划定底线。

OECD预计，通过双支柱国际税改框架，每年超过1 000亿美元利润的征税权将转移至市场辖区。与此同时，如果设定全球最低企业税率不低于15%，全球每年将新增约1 500亿美元的税收。

参考文献

[1] Acemoglu D., P. Restrepo. Artificial intelligence, automation, and work[M]//The economics of artificial intelligence: An agenda. University of Chicago Press, 2018: 197—236.

[2] Acemoglu D., P. Restrepo. Robots and Jobs: Evidence from US Labor Markets[J]. Journal of Political Economy, 2020, 128(6): 2188—2244.

[3] Aghion Philippe, Benjamin F. Jones, Charles I. Jones. Artificial intelligence and economic growth[M]//The economics of artificial intelligence: An agenda. University of Chicago Press, 2018: 237—282.

[4] Agrawal Ajay, John McHale, Alexander Oettl, Finding needles in haystacks: Artificial intelligence and recombinant growth[M]//The economics of artificial intelligence: An agenda. University of Chicago Press, 2018: 149—174.

[5] Ahmad N., J. Ribarsky, M. Reinsdorf. Can potential mismeasur-ement of the digital economy explain the postcrisis slowdown in GDP and productivity growth?[R]. OECD Statistics Working Paper. Paris: OECD Publishing，https://doi.org/10.1787/18152031, 2017.

[6] AIReF. Spending Review 2019/2020 Tax Benefits Deduction for RD&I

in Corporate Income Tax Introduction and Objectives[EB/OL]. https://www.airef.es/wp-content/uploads/2020/11/i+d/Presentaci%C3%B3n_BF_IDi-TLG_EN_REV.pdf . 2020/2020.

[7] Akcigit Ufuk, Murat Alp Celik, Jeremy Greenwood. Buy, keep, or sell: Economic growth and the market for ideas[J]. Econometrica, 2016, 84(3): 943—984.

[8] Ali S.Nageeb, Ayal Chen—Zion, Erik Lillethun. Reselling Information. [J]. arXiv preprint arXiv:2004.01788, 2020.

[9] Allcott Hunt, Luca Braghieri, Sarah Eichmeyer, Matthew Gentzkow. The Welfare Effects of Social Media[J]. American Economic Review, 2020, 110(3): 629—76.

[10] Andrews D., G. Nicoletti, C. Timiliotis. Digital technology diffusion: A matter of capabilities, incentives or both?[R], OECD Economics Department Working Papers, No. 1476, Paris: OECD Publishing, https://dx.doi.org/10.1787/7c542c16-en, 2018.

[11] Bakos Y., E. Katsamakas. Design and ownership of two-sided networks: Implications for Internet platforms[J]. Journal of Management Information Systems, 2008, 25(2)：171—202.

[12] Barbet P., N. Coutinet. Measuring the digital economy: State-of-the-art developments and future prospects[J]. Communications and Strategies, 2001, 42(2): 153—184.

[13] Barefoot K., D. Curtis, W. Jolliff, et al. Defining and measuring the digital economy[EB/OL]. https://www.bea.gov/sites/default/files/papers/defining-and-measuring-the-digital-economy.pdf, 2018/2020.

[14] Baumol W J. Macroeconomics of unbalanced growth: the anatomy of

urban crisis[J]. The American economic review, 1967, 57(3): 415—426.

[15] Beer Sebastian, Ruud de Mooij, Liu Li. International Corporate Tax Avoidance : A Review of the Channels, Effect Sizes and Blind Spots[J]. Journal of Economic Surveys 2020(34): 660–88.

[16] Belo F, V D Gala, J Salomao, et al. Decomposing firm value[J]. Journal of Financial Economics, 2022, 143(2): 619—639.

[17] Berger T., C. Frey. Industrial renewal in the 21st century: evidence from US cities[J]. Regional Studies, 2017, 51(3): 404—413.

[18] Brynjolfsson E., T. Mitchell, D. Rock. What can machines learn, and what does it mean for occupations and the economy?[C]//AEA papers and proceedings. 2018, 108: 43—47.

[19] Brynjolfsson Erik, Avinash Collis, Felix Eggers, Using Massive Online Choice Experiments to Measure Changes in Well-being[J], Proceedings of the National Academy of Sciences, 2019, 116(15): 7250—7255.

[20] Brynjolfsson Erik, Avinash Collis, W. Erwin Diewert, Felix Eggers, Kevin J Fox，GDP-B: Accounting for the Value of New and Free Goods in the Digital Economy[R], Cambridge, Massachusetts: NBER Working Paper No. 25695, 2019.

[21] Brynjolfsson Erik, Xiang Hui, Meng Liu, Does machine translation affect international trade? Evidence from a large digital platform[J]. Management Science, 2019, 65(12): 5449—5460.

[22] Bukht R., R. Heeks Defining, Conceptualizing and measuring the digital economy[R]. Manchester: Development Informatics working paper, 2017(68) .

[23] Byrne David, Carol Corrado, Accounting for innovations in consumer

digital services: IT still matters[M]//Measuring and Accounting for Innovation in the 21st Century. University of Chicago Press, 2020.

[24] Carriere-Swallow M Y, MV Haksar. The economics and implications of data: an integrated perspective[M]. International Monetary Fund, 2019.

[25] Chen Rong. Mapping Data Governance Legal Frameworks Around the World : Findings from the Global Data Regulation Diagnostic[R]. Policy Research Working Paper No. 9615. World Bank, Washington, DC, 2021.

[26] Corrado C., C. Hulten, D. Sichel. Intangible capital and US economic growth[J]. Review of income and wealth, 2009, 55(3): 661—685.

[27] Crouzet N., J. Eberly. Intangibles, investment, and efficiency[C]//AEA Papers and Proceedings. 2018, 108: 426—31.

[28] Crouzet N., J. Eberly. Rents and Intangible Capital: A Q+Framework, [R]. Cambridge, Massachusetts: NBER Working paper No.28988, 2021.

[29] David H. Autor, Wiring the Labor Market[J]. Journal of Economic Perspectives, 2001, 15(1):25—40.

[30] David H. Work of the Past, Work of the Future[C]//AEA Papers and Proceedings. 2019, 109: 1—32.

[31] De Loecker J, Jan Eeckhout, Gabriel Unger. The rise of market power and the macroeconomic implications[J]. The Quarterly Journal of Economics, 2020, 135(2): 561—644.

[32] Mooij R A, Sjef Ederveen. Corporate tax elasticities: a reader's guide to empirical findings[J]. Oxford review of economic policy, 2008, 24(4): 680—697.

[33] Dolfen Paul, Liran Einav, Peter J. Klenow, et al. Assessing the Gains

from E-Commerce[R], Cambridge, Massachusetts: NBER Working Paper no.25610, 2019.

[34] Eisenmann T., G. Parker, M. W. Van Alstyne. Strategies for two-sided markets[J]. Harvard business review, 2006, 84(10): 92.

[35] Eisfeldt A. L., D. Papanikolaou. Organization capital and the cross-section of expected returns[J]. The Journal of Finance, 2013, 68(4): 1365—1406.

[36] Eisfeldt A. L., E. Kim, D. Papanikolaou. Intangible value[R]. Cambridge, Massachusetts: NBER Working Papers. No.28056, 2020.

[37] European Parliament, Two briefings and an in-depth analysis on Data flows, artificial intelligence and international trade: impacts and prospects for the value chains of the future [EB/OL]. https://op.europa.eu/en/publication-detail/-/publication/c90a8955-44cc-11eb-b59f-01aa75ed71a1/language-en. 2020/2020.

[38] European Parliament. On open data and the re-use of public sector information[EB/OL]. https://eur-lex.europa.eu/legal-content/EN/TXT/PDF/?uri=CELEX:32019L1024. 2019/2021.

[39] Evans D S. The antitrust economics of multi-sided platform markets[J]. Yale J. on Reg., 2003, 20: 325.

[40] Ewens M., R. Peters, S. Wang. Measuring intangible capital with market prices[R]. Cambridge, Massachusetts: NBER working paper No.w25960, 2019.

[41] Fajgelbaum Pablo D., Edouard Schaal, Mathieu Taschereau-Dumouchel. Uncertainty traps[J]. The Quarterly Journal of Economics, 2017, 132(4): 1641—1692.

[42] Falato A., D Kadyrzhanova, J Sim, et al. Rising intangible capital, shrinking debt capacity, and the US corporate savings glut[J]. The Journal of Finance, 2022, 77(5): 2799—2852.

[43] Feld Lars, Jost Heckemeyer. Foreign Direct Investment and Taxation: A Meta-Study[J] . Journal of Economic Surveys, 2011, 25(2): 233—72.

[44] García-Herrero, A., J. Xu. How big is China's digital economy? [R]. Brussel: Bruegel Working Papers, 2018.

[45] Gawer Annabelle. Platform dynamics and strategies: from products to services[M]//Platforms, markets and innovation, Massachusetts: Edward Elgar Publishing. 2009:45—57.

[46] Gellman R. The foundations of United States Government information dissemination policy[J]. Aicholzer and Burkert (eds)(2004), 2004: 123—136.

[47] Gentzkow Matthew, Jesse M. Shapiro. Media bias and reputation [J]. Journal of political Economy, 2006, 114(2): 280—316.

[48] Gentzkow Matthew, Jesse M. Shapiro. What drives media slant? Evidence from US daily newspapers[J]. Econometrica, 2010, 78(1): 35—71.

[49] Georgieff A., A. Milanez, What happened to jobs at high risk of automation?[R]. OECD Social, Employment and Migration Working Papers, No. 255, Paris: OECD Publishing, https://doi.org/10.1787/10bc97f4-en, 2021.

[50] Ghatak Maitreesh, Francois Maniquet. Universal basic income: some theoretical aspects[J]. Annual Review of Economics, 2019, 11: 895—928.

[51] Gold E. R., J. F. Morin, E. Shadeed. Does intellectual property lead to economic growth? Insights from a novel IP dataset[J]. Regulation & Governance, 2019, 13(1): 107—124.

[52] Goldfarb A, D Trefler. AI and international trade[R]. Cambridge, Massachusetts: NBER working paper No.24254, 2018.

[53] Goldfarb A., C. Tucker. Digital economics[J]. Journal of Economic Literature, 2019, 57(1): 3—43.

[54] Graef I, R Gellert, N Purtova, et al. Feedback to the Commission's Proposal on a Framework for the Free Flow of Non-Personal Data[J]. Available at SSRN 3106791, 2018.

[55] Graetz M J. Taxing international income: Inadequate principles, outdated concepts, and unsatisfactory policies[J]. Brook. J. Int'l L., 2000, 26: 1357.

[56] Guellec D., C. Paunov. Digital Innovation and the Distribution of Income [R]. Cambridge, Massachusetts: NBER working paper No.23987, 2017.

[57] Gutiérrez G, T Philippon. Investment less growth: An empirical investigation[J]. Brookings Papers on Economic Activity, 2017 (2), 89—190.

[58] Hall Bronwyn H. Does patent protection help or hinder technology transfer?[M]//Intellectual property for economic development. Massachusetts USA. Edward Elgar Publishing Limited, 2014: pp. 11—32.

[59] Hebous Shafik, Alexander Klemm, Saila Stausholm. Revenue Implications of Destination-Based Cash-Flow Taxation[R]. Washington, DC: IMF Working Paper 2019.007, 2019.

[60] Hebous Shafik, Martin Ruf, Alfons Weichenrieder. The effects of taxation on the location decision of multinational firms: M&A versus greenfield investments[J]. National Tax Journal, 2011, 64(3): 817—838.

[61] Hoynes Hilary, Jesse Rothstein. Universal Basic Income in the United States and Advanced Countries[J]. Annual. Review. Economics, 2019(11): 929–958.

[62] Hulten Charles, Leonard Nakamur. Accounting for Growth in the Age of the Internet: The Importance of Output-Saving Technical Change[R], Cambridge, Massachusetts: NBER Working Paper No. 23315, 2017.

[63] IMF. 2019. IMF investment and capital stock database 2019[DB/OL]. https://www.imf.org/external/np/fad/publicinvestment/data/data080219.xlsx, 2019/2021.

[64] IMF. 2019. IMF-Estimating the stock of public capital in 170 countries[EB/OL], https://www.imf.org/external/np/fad/public-investment/pdf/csupdate_aug19.pdf, 2019/2021.

[65] IMF. Measuring the Digital Economy[R], Washington, DC: IMF Policy Paper, 2018.

[66] Industrial Data Space Association. 2017. Reference Architecture Model for the Industrial Data Space[EB/OL]. https://www.fraunhofer.de/content/dam/zv/de/Forschungsfelder/industrial—data—space/Industrial-Data-Space_Reference-Architecture-Model-2017.pdf, 2017/2021.

[67] Jones C I. R & D-based models of economic growth[J]. Journal of political Economy, 1995, 103(4): 759—784.

[68] Jones Charles I., Christopher Tonetti. Nonrivalry and the Economics of Data[J]. American Economic Review, 2020, 110(9): 2819—58.

[69] Kamps C. New estimates of government net capital stocks for 22 OECD countries, 1960—2001[J]. IMF staff papers, 2006, 53(1): 120—150.

[70] Kuhn P, Hani Mansour. Is internet job search still ineffective?[J]. The Economic Journal, 2014, 124(581): 1213—1233.

[71] Lane N. Advancing the digital economy into the 21st century[J]. Information Systems Frontiers, 1999, 1(3): 317—320.

[72] Leyser Dame Ottoline, Genevra Richardson, Data ownership, rights and controls: reaching a common understanding[EB/OL]. https://www.thebritishacademy.ac.uk/publications/data-ownership- rights-controls-seminar-report/, 2018/2021.

[73] Liang F, W Yu, D An, et al. A survey on big data market: Pricing, trading and protection[J]. Ieee Access, 2018, 6: 15132—15154.

[74] Lords H O. AI in the UK: ready, willing and able[EB/OL]. https://publications.parliament.uk/pa/ld201719/ldselect/ldai/100/100.pdf, p.38, 2018/2020.

[75] Lu Chia-Hui, The impact of artificial intelligence on economic growth and welfare[J]. Journal of Macroeconomics, 2021, 69: 103342.

[76] Lucas Jr R E. On the mechanics of economic development[J]. Journal of monetary economics, 1988, 22(1): 3—42.

[77] Mackowiak Bartosz, Mirko Wiederholt. Optimal sticky prices under rational inattention[J]. American Economic Review, 2009, 99(3): 769—803.

[78] Martens B, A De Streel, I Graef, et al. Business-to-Business data sharing: An economic and legal analysis[J]. EU Science Hub, 2020. Available at SSRN: https://ssrn.com/abstract=3658100.

[79] Mesenbourg T L. Measuring the digital economy[J]. US Bureau of the Census, 2001, 1: 1—19.

[80] Nakamura L. I., J. Samuels, R. H. Soloveichik. Measuring the "Free" Digital Economy within the GDP and Productivity Accounts[R]. Philadelphia: FRB of Philadelphia Working Paper No.17—37, 2017.

[81] Nget R, Y Cao, M Yoshikawa. How to balance privacy and money through pricing mechanism in personal data market[J]. arXiv preprint arXiv:1705.02982, 2017.

[82] Nimark K P. Man-bites-dog business cycles[J]. American Economic Review, 2014, 104(8): 2320—67.

[83] Noel M, M Schankerman. Strategic patenting and software innovation [J]. The Journal of Industrial Economics, 2013, 61(3): 481—520.

[84] Nordhaus W D. Are we approaching an economic singularity? Information technology and the future of economic growth [J]. American Economic Journal: Macroeconomics, 2021, 13(1): 299—332.

[85] OECD. Consumer Protection in E-commerce OECD Recommendation.[EB/OL]. https://www.oecd.org/sti/consumer/ECom-merce-Recommendation-2016.pdf, 2016/2021.

[86] OECD. Digital Economy Outlook 2015 [EB/OL]. http://dx.doi.org/10.1787/9789264232440-en, 2015/2021

[87] OECD. How Digital Technologies are Impacting the Way we Grow and Distribute Food [EB/OL]. OECD, Paris. https://www.oecd.org/officialdocuments/publicdisplaydocumentpdf/?cote=TAD/CA/GF(2018)1&docLanguage=En#:~:text=In%20fact%2C%20there%20is%20a,and%20advanced%20analytics%20software%20to, 2018/2021.

[88] OECD. Secretariat Proposal for a "Unified Approach" under Pillar One"[EB/OL]. https://www.oecd.org/tax/beps/public-consultation-document-secretariat-proposal-unified-approach-pillar-one.pdf, 2019/2021.

[89] OECD. The effects of R&D tax incentives and their role in the innovation policy mix : Findings from the OECD microBeRD project, 2016—19[R]. Paris:OECD Publishing, 2020.

[90] Ordonez G. The asymmetric effects of financial frictions [J]. Journal of Political Economy, 2013, 121(5): 844—895.

[91] Overesch M, G Wamser. Who cares about corporate taxation? Asymmetric tax effects on outbound FDI[J]. World Economy, 2009, 32(12): 1657—1684.

[92] Pei J. A survey on data pricing: from economics to data science [J]. IEEE Transactions on knowledge and Data Engineering, 2020.

[93] Poos Lawrence R.. Lessons from past pandemics: Disinformation, scapegoating, and social distancing [EB/OL]. Brookings, 2020(3). https://www.brookings.edu/blog/techtank/2020/03/16/lessons-from-past-pandemics-disinformation-scapegoating-and-social-distancing/, 2020/2021.

[94] Rochet J C, J Tirole. Platform competition in two-sided markets[J]. Journal of the european economic association, 2003, 1(4): 990—1029.

[95] Romer P M. Endogenous technological change[J]. Journal of political Economy, 1990, 98(5, Part 2): S71—S102.

[96] Safari B A. Intangible privacy rights: How europe's gdpr will set a new global standard for personal data protection[J]. Seton Hall L. Rev.,

2016, 47: 809.

[97] Saia A., D. Andrews, S. Albrizio. Productivity spillovers from the global frontier and public policy: Industry level evidence[R], OECD Economics Department Working Papers, No. 1238, Paris: OECD Publishing, https://dx.doi.org/10.1787/5js03hkvxhmr-en, 2015.

[98] Shapiro C, M A Lemley. The Role of Antitrust in Preventing Patent Holdup[J]. U. Pa. L. Rev., 2019, 168: 2019.

[99] Stiglitz J. E.. The revolution of information economics: the past and the future [R]. Cambridge, Massachusetts: NBER working paper No.23780, 2017.

[100] Su J, J Gai, Y Si, et al. Personal Data Protection and Anonymization in the Process of Data Commodity Trading [C]//Journal of Physics: Conference Series. IOP Publishing, 2020, 1616(1): 012034.

[101] Tapscott Don. The Digital Economy: Promise and Peril in the Age of Networked Intelligence[M], New York: McGraw-Hill,1996.

[102] Teece D J. Profiting from innovation in the digital economy: Enabling technologies, standards, and licensing models in the wireless world [J]. Research policy, 2018, 47(8): 1367—1387.

[103] Tirole J. Economics for the common good [M]//Economics for the Common Good. Princeton University Press, 2017.

[104] Tirole J. Inefficient foreign borrowing: A dual-and common-agency perspective[J]. American Economic Review, 2003, 93(5): 1678—1702.

[105] Toslov Thomas R., Ludvig S. Wier, Gabriel Zucman. The Missing Profits of Nations[R]. Cambridge, Massachusetts: NBER Working Paper No.24701, 2018.

[106] Trajtenberg M. Artificial intelligence as the next GPT: A political-economy perspective [M]//The Economics of Artificial Intelligence: An Agenda. University of Chicago Press, 2018: 175—186.

[107] Margherio Lynn, et al. The Emerging Digital Economy [EB/OL], https://govinfo.library.unt.edu/ecommerce/EDEreprt.pdf, 1999/2021.

[108] Uludag O., S. Hefele, F. Matthes. Platform and Ecosystem Governance [R]. Digital Mobility Platforms and State of the Art Report, Munich: Technical University of Munich 2016: 1—24.

[109] UNESCO. Preliminary draft report of comest on robotics ethics [EB/OL]. http://unesdoc.unesco.org/images/0024/002455/245532E.pdf, 2016/2021.

[110] Varian H. Artificial intelligence, economics, and industrial organization [M]//The economics of artificial intelligence: an agenda. University of Chicago Press, 2018: 399—419.

[111] Veldkamp Laura. Slow boom, sudden crash [J]. Journal of Economic theory, 2005, 124(2): 230—257.

[112] Venkataramakrishnan Siddharth. The real fake news about Covid—19[EB/OL]. https://www.ft.com/content/e5954181-220b-4de5-886c-ef02ee432260, 2020/2021.

[113] World Intellectual Property Organization. Intangible Capital in Global Value Chains. World Intellectual Property Report 2017[R]. Geneva, Switzerland: World Intellectual Property Organization, 2017.

[114] Yu H, M Zhang. Data pricing strategy based on data quality [J]. Computers & Industrial Engineering, 2017, 112: 1—10.

[115] Zingales Luigi. Stigler Committee on Digital Platforms Final Report

[R]. Chicago:Chicago Booth, 2019(9): 9—11.

[116] Zucman G. Taxing across borders: Tracking personal wealth and corporate profits[J]. Journal of economic perspectives, 2014, 28(4): 121—48.

[117] 曹建峰. 十项建议解读欧盟人工智能立法新趋势 [EB/OL]. http://www.tisi.org/4811，2019-03-25.

[118] 郭鹏飞，罗玥琦. 中国信息通信技术分行业资本存量的估算 [J]. 统计与决策，2018（13）：29.

[119] 国务院. 新一代人工智能发展规划（国发〔2017〕35号）[EB/OL]. http://www.csjrw.cn/2017/0720/58931.shtml，2017-07-20/2019-03-25.

[120] 韩旭至. 数据确权的困境及破解之道 [J]. 东方法学，2020（01）：97—107.

[121] 洪延青.《网络安全法》中数据出境安全评估真的那么"另类"吗 [EB/OL]. https://mp.weixin.qq.com/s/-AeewXVLdHyjMIyKYJEuoA，2019-05-16.

[122] 黄敏达. 中国式"长臂管辖"：个人信息保护法（草案）的域外效力 [EB/OL]. https://mp.weixin.qq.com/s/Z4VK3v1SUWxCUUqF1Tut5w，2021-10-21.

[123] 欧盟委员会人工智能高级专家组. 关于可信赖人工智能的伦理准则 [J]. 青年记者，2019（01）：88.

[124] 欧洲科学与新技术伦理组织. 关于人工智能、机器人及自主系统的声明 [R]. 曹建峰，译. 北京：腾讯研究院，2018.

[125] 覃庆玲. 数据出境安全评估若干问题探究 [EB/OL]. https://mp.weixin.qq.com/s/EuPYBwmWzBHCOB-NZACAaQ，2019-06-28.

[126] 熊鸿儒. 我国数字经济发展中的平台垄断及其治理策略[J]. 改革, 2019（7）: 10.

[127] 徐程锦. WTO 电子商务规则谈判与中国的应对方案[J]. 国际经济评论, 2020（3）: 30.

[128] 中国电子科技标准化研究院. 人工智能标准化白皮书[EB/OL]. http://www.cesi.ac.cn/201801/3545.html, 2019-03-25.

[129] 中国信通院, 中国数字经济发展与就业白皮书（2018）[EB/OL]. http://www.caict.ac.cn/kxyj/qwfb/bps/201904/t20190416_197842.htm, 2019-04-16.

[130] 钟超, 丑则静. 社交媒体时代的网络舆情治理：美国的教训与启示[J]. 天津行政学院学报, 2020, 22（4）: 45—54.